Mewnfudwyr yng Nghymru yn ystod yr 20fed ganrif

Robin Evans

CW01583097

Cynnwys

3011652241

© Prifysgol Cymru Aberystwyth, 2006 ⓗ

Cyhoeddwyd gan CAA, Prifysgol Cymru Aberystwyth, Yr Hen Goleg, Stryd y Brenin, Aberystwyth, SY23 2AX (http://www.caa.aber.ac.uk). Noddwyd gan Lywodraeth Cynulliad Cymru.

ISBN 978-1-84521-149-3

Mae hawlfraint ar y deunyddiau hyn ac ni ellir eu hatgynhyrchu na'u cyhoeddi heb ganiatâd perchennog yr hawlfraint.

Golygydd: Gwenda Lloyd Wallace
Dylunydd: Richard Huw Pritchard
Argraffwyr: Argraffwyr Cambria

Cedwir pob hawl.

Cydnabyddiaethau
Diolch i'r canlynol am ganiatâd i atgynhyrchu deunyddiau yn y gyfrol hon:

Lluniau'r clawr: Photolibrary Wales, Canolfan Hanes a Chelfyddyd Butetown, Barry Johnston, India Dance Wales

Amgueddfa Abertawe: tud. 3(g)
Amgueddfa Genedlaethol Cymru: tud. 7(ch), 10(g), 16
Yr Archfidy Gwladol, Kew: tud. 2 a 3 (t,ch) (rhestrau gwreiddiol criwiau'r llongau), 6
BBC Cymru/Wales (*Week In, Week Out*, 8 Mehefin 1999): tud. 45
Bernard Baldwin MBE: tud. 12
John Briggs: tud. 28(c), 30
Canolfan Hanes a Chelfyddyd Butetown: tud. 22(g), 23
Edda Conti, gweddw Ino Conti, Treharris: tud. 20(ch)
Corbis: tud. 17, 49(g,ch)
Ron Davies: tud. 28(g)
Vivian Davies: tud. 12 (dyfyniad o *These Poor Hands*, B.L. Coombes, Victor Gollancz, 1939)
Huw Evans Picture Agency Ltd.: tud. 39(g,ch)
Free Press and Rhondda Leader, 15 Mehefin 1940: tud. 21
Fflic ar gyfer S4C: tud. 48(g,d)
Getty Images: tud. 9(g), 13(g)
Guido Generale degli Italiani in Gran Bretagne, Llundain, 1939: tud. 20(d)
Gwasanaeth Archifau Wrecsam: tud. 5(g)
Gwasanaeth Llyfrgell Merthyr Tudful: tud. 5(t)
Gwasg Prifysgol Cymru: tud. 13 (dyfyniad o *The Fed: A History of the South Wales Miners in the Twentieth Century*, Hywel Francis a David Smith, 1998); tud. 43(g) (dyfyniad o *A Tolerant Nation?: exploring ethnic diversity in Wales*, Charlotte Williams, Neil Evans a Paul O'Leary, 2003); tud. 26, 36 a 37 (dyfyniad o *Cymru 2000: Hanes Cymru yn yr Ugeinfed Ganrif*, R. Merfyn Jones, 1999)
Colin Hughes: tud. 39(t)
India Dance Wales: tud. 49(c)
Barry Johnston: tud. 14(ch)
Mike Jones: tud. 29(g,d)
Gerallt Llewelyn: tud. 35(c), 50
Llwybr Llaethog: tud. 48(g,ch)
Llyfrgell Genedlaethol Cymru: tud. 25, 28(t)
Llyfrgell Gyhoeddus Caerdydd: tud. 11.
Gyda chaniatâd Llyfrgelloedd Rhondda Cynon Taf: tud. 4
Mirrorpix: tud. 20(g) (*Daily Mirror*, 27 Ebrill 1940)
Keith Morris: tud. 27(ch)
National Maritime Museum, Greenwich: tud. 3 (rhestr wreiddiol yr SS Straits of Menai)
Pablo Photographics: tud. 31
Photolibrary Wales: tud. 13(t), 27(t), 35(t), 36, 37(t), 38(t), 39(g,d), 41, 43, 47, 48(t)
Rex Features: tud. 46(g,ch)
Tegwyn Roberts: tud. 10(d), 22(t,d)
Dr Vaughan Robinson: tud. 42
Sain: tud. 49(t,d)
David H. Smith: tud. 14(d)
Swyddfa Etholaeth Janet Ryder, Rhuthun: tud. 37(g)
Tate, Llundain 2006/Renate Koppel: tud. 16(t)
Topfoto: tud. 19, 22(t,ch), 27(g,d), 29(t a g,ch), 34, 46(t,d a g,d)
Western Mail & Echo: tud. 7(d), 9(ch), 46(t,ch a c)
Nia Wyn Williams: tud. 18
Charlotte Williams: tud. 49(t,ch)
Winvest: tud. 38(graffiau)

Gwnaethpwyd pob ymdrech i olrhain a chydnabod deiliaid hawlfraint. Bydd y cyhoeddwyr yn falch o wneud trefniadau addas gydag unrhyw ddeiliaid na lwyddwyd i gysylltu â hwy.

Diolch i Richard Evans, Ian Farquharson, Davyth Fear, Gillian Hayward, Bethan James, John Leung, Alun Morgan, Paul O'Leary, Vicky Owen, Siân Pugh ac Alan Roberts am eu harweiniad gwerthfawr.

Diolch i'r ysgolion canlynol am gymryd rhan yn y broses dreialu:

Ysgol Dyffryn Conwy, Llanrwst
Ysgol Uwchradd Duffryn, Casnewydd
Ysgol Uwchradd Cathays, Caerdydd
Ysgol Gymunedol Cefn Hengoed, Abertawe

Mae fersiwn Saesneg o'r gyfrol hon ar gael hefyd, sef *Immigrants in Wales during the 20th Century*.

Caergybi
Porthaethwy
Bangor
Bethesda
Y Parlwr Du
Y Rhyl
Hen Golwyn
Treffynnon
Wrecsam
Betws Gwerful Goch
Llangollen
Nefyn
Cricieth
Porthmadog
Y Bala
Pwllheli
Abermaw
Aberdyfi
Y Borth
Y Drenewydd
Llandinam
Aberystwyth
Pont-rhyd-y-groes
Llan-non
Aberaeron
Ceinewydd
Aber-porth
Aberteifi
Llandudoch
Beulah
Cwm-cou
Trefdraeth
Dinas Cross
Abergwaun
Brechfa
Llangwm
Aberdaugleddau
Ystradgynlais
Aber-craf
Bryn-mawr
Trefynwy
Tredegar
Abertyswg
Dowlais
Glynebwy
Cwm Nedd
Merthyr Tudful
Aberdâr
Aberpennar
Aberfan
Pont-y-pŵl
Tal-y-waun
Llanelli
Treforys
Abertawe
Castell-nedd
Tonypandy
Y Porth
Senghennydd
Cross Keys
Pontnewydd
Caerllion
Maesteg
Pontypridd
Trefforest
Casnewydd
Aberafan
Pen-y-bont ar Ogwr
Caerdydd
Y Barri

Cyflwyniad

Y byd yn dod i Gymru

Mae'r dogfennau isod yn rhestru'r llongwyr oedd yn gweithio ar rai o longau cwmni Jenkins Brothers o Gaerdydd ar ddechrau'r 20fed ganrif. Sylwch ar yr amrywiaeth o genhedloedd oedd yn gweithio ar y llongau. Oherwydd natur eu gwaith, byddai llongwyr o genhedloedd gwahanol i'w cael ar hyd a lled y byd. Felly, er enghraifft, byddai'n bosibl cael hyd i longwyr o Gymru mewn porthladdoedd yn Ne America, yr Unol Daleithiau, China, Affrica, Awstralia ... ym mhob rhan o'r byd.

Roedd porthladdoedd Cymru ymhlith y rhai prysuraf yn y byd. Roedd glo De Cymru yn cael ei allforio o borthladdoedd fel Caerdydd a'r Barri, glo'r Gogledd o'r Parlwr Du, tunplat a glo o Abertawe, a llechi o borthladdoedd fel Porthmadog a Bangor. Roedd y prysurdeb hwn yn ganlyniad i'r Chwyldro Diwydiannol, pan ddaeth Cymru yn un o wledydd diwydiannol pwysicaf y byd. Cynyddodd poblogaeth Cymru yn sylweddol wrth i bobl symud yma i chwilio am waith. Erbyn 1900 roedd pobl o sawl rhan o'r byd yn byw yng Nghymru.

Criw y llong S.S. Glamorgan, Medi 1914

Enw	Cyfeiriad	Swydd	Oed
J.P. Jones	Beulah	Capten	47
G. Davies	Aber-porth	Mêt	27
R. Lloyd	Nefyn	Ail Fêt	28
John Williams	Porthmadog	Bosn	46
Albert Richards	Aberdyfi	Llongwr Abl	35
D. Morris	Aberteifi	Llongwr Cyffredin	21
W. Morris	Llandudoch	Llongwr Cyffredin	23
K. Trykina	Caerdydd (o Norwy)	Llongwr Abl	27
E. Martinsen	Caerdydd (o Norwy)	Llongwr Cyffredin	25
F. Chagnon	Aber-porth	Llongwr Cyffredin	15
Isaac Evans	Llan-non	Llongwr Cyffredin	18
Thomas Venables	South Shields	Peiriannydd	44
D. Francis	Dinas Cross	Ail Beiriannydd	31
E. Hooton	Llandaf	Trydydd Peiriannydd	25
G. Davies	Penarth	Pedwerydd Peiriannydd	21
J. Hastie	Blyth	Dyn yr Injan Fach	40
C. Libante	Caerdydd (o St. Kitts-Nevis)	Taniwr	23
W. Packling	Caerdydd (o St. Kitts-Nevis)	Taniwr	27
W. Henry	Caerdydd (o Bermuda)	Taniwr	29
R. Dulcie	Caerdydd (o St. Lucia)	Taniwr	21
J. Griffith	Caerdydd (o Barbados)	Taniwr	30
M. Lynch	Caerdydd (o St. Lucia)	Taniwr	29
J. Thomas	Y Barri	Taniwr	25
G. Kent	North Shields	Stiward	50
F.W. Blythe	Tal-y-waun	Stiward y Capten	20
N. Campbell	Belfast	Cogydd	37
K. Olafsen	Caerdydd (o Norwy)	Llongwr Abl	45

Criw y llong S.S. Farringford, Mawrth 1914.

Enw	Cyfeiriad	Swydd	Oed
T.L. Davies	Dinas Cross	Capten	31
F. Foley	Aberafan	Mêt	46
W.M. Evans	Aberaeron	Ail Fêt	38
T.M. Thomas	Aber-porth	Bosn	36
T.Ll. Davies	Ceinewydd	Llongwr Abl	27
F.W. Hardwick	Y Barri	Llongwr Abl	20
M. Allen	Caerdydd (o Iwerddon)	Llongwr Cyffredin	21
J. O'Leary	Caerdydd (o Iwerddon)	Llongwr Abl	23
M. McCarthy	Caerdydd (o Iwerddon)	Llongwr Abl	28
Joseph Leary	Caerdydd (o Iwerddon)	Llongwr Cyffredin	21
J.L. James	Aber-porth	Llongwr Cyffredin	15
S.R. Davies	Cwm-cou	Peiriannydd	28
H. Vaughan	Caerdydd	Ail Beiriannydd	33
Thomas Meredith	Treforys	Trydydd Peiriannydd	22
O. Negard	Caerdydd (o Norwy)	Dyn yr Injan Fach	41
C. Isaac	Caerdydd (o St. Kitts-Nevis)	Taniwr	43
J.H. Johnson	Virginia, U.D.A.	Taniwr	38
R. Bechoras	Caerdydd (o Sbaen)	Taniwr	27
E. Aldominez	Caerdydd (o Sbaen)	Taniwr	46
A. Hernacles	Llundain (o Roeg)	Taniwr	23
C.A. Carlson	Caerdydd (o Sweden)	Taniwr	32
E. Rees	Aber-porth	Stiward	53
John J. Rees	Aber-porth	Stiward y Capten	15
T. Vautier	Southampton	Cogydd	50

Criw y llong S.S. Italiana, Mai 1916

Enw	Cyfeiriad	Swydd	Oed
Hugh Roberts	Nefyn	Capten	62
D.J. Evans	Llan-non	Mêt	30
R.G. Davies	Abergwaun	Mêt	52
W. Parker	Y Barri	Bosn	42
J. Manning	Llundain	Llongwr Cyffredin	22
J. Burns	Penarth	Llongwr Abl	34
G.T. Lewis	Aberaeron	Llongwr Cyffredin	23
Jenkin Evans	Llan-non	Llongwr Abl	44
G. Gregory	Plymouth	Llongwr Cyffredin	26
L. John	Y Barri	Llongwr cyffredin	22
John Brown	Aber-porth	Llongwr Cyffredin	16
John Sampson	Lerpwl	Peiriannydd	57
C. Griffiths	Pontnewydd	Ail Beiriannydd	32
W.D. Jones	Abertawe	Trydydd Peiriannydd	36
S. Harding	Caerdydd	Dyn yr Injan Fach	57
Abdulla Mahomed	Caerdydd (o wlad Arabaidd)	Taniwr	29
Abdul Assis	Caerdydd (o wlad Arabaidd)	Taniwr	36
Nasir Ali	Caerdydd (o wlad Arabaidd)	Taniw	29
Ralmin Nahli	Caerdydd (o wlad Arabaidd)	Taniwr	21
Abdullah Mohamed	Caerdydd (o wlad Arabaidd)	Taniwr	22
Jaheb Ahmed	Caerdydd (o wlad Arabaidd)	Taniwr	21
William Jones	Y Borth	Stiward	25
W.S. Seed	Abertawe	Cogydd	26
D.J. Gray	Aberteifi	Stiward y Capten	15

Criw y llong S.S. Straits of Menai, Tachwedd 1904

Enw	Cyfeiriad	Swydd	Oed
E.T. Elias	Bethesda	Capten	33
D. Davies	Trefdraeth	Mêt	48
D.J. Davies	Llan-non	Ail Fêt	23
J. Roberts	Cricieth	Stiward	45
A. Pearce	Llundain	Cogydd	31
E. Wilson	West Hartlepool	Stiward y Capten	16
L.H. Lammy	Caerdydd	Bosn	22
P. Borgitos	Caerdydd (o Roeg)	Llongwr Abl	35
G. Arnold	Caerdydd	Llongwr Abl	49
W. Fitzgerald	Llundain	Llongwr Abl	43
James Lucas	Caerdydd	Llongwr Abl	30
James Gillespie	Caerdydd	Llongwr Abl	26
Lucas Kerz	Caerdydd (o'r Almaen)	Llongwr Abl	32
W. Brown	Caerdydd	Peiriannydd	44
A. Davies	Caerdydd	Ail Beiriannydd	30
A. Hemmingway	Caerdydd	Trydydd Peiriannydd	23
M. Giovanni	Caerdydd (o'r Eidal)	Dyn yr Injan Fach	25
H.J. Edward	Caerdydd	Taniwr	25
H. Rogers	Caerdydd	Taniwr	24
A. Dunovich	Caerdydd (o Hwngari)	Taniwr	26
T. Morrison	Caerdydd	Taniwr	26
E. Kinney	Caerdydd (o Iwerddon)	Taniwr	38

Edrychwch eto ar y rhestri o griwiau'r llongau ac ystyriwch y cwestiynau hyn:

- Heblaw am Gymru, o ba rannau o'r byd oedd aelodau criwiau'r llongau yn dod?
- A fyddai rhai ohonyn nhw'n aros yma?
- O ba drefi a phentrefi yng Nghymru oedd y criwiau yn dod?
- Oes yna batrwm o gwbl?

Yn y llyfr hwn byddwch yn darllen am brofiadau mewnfudwyr yng Nghymru yn ystod yr ugeinfed ganrif. Byddwch yn gweld bod pobloedd gwahanol wedi symud yma am resymau gwahanol ar adegau gwahanol. Roedd rhai yn cael eu derbyn i'w cymdeithas newydd yn syth, ond roedd eraill yn wynebu problemau. Yn y pen draw, cyfrannodd pob un ohonyn nhw i fywyd Cymru a chwarae rhan bwysig yn hanes y wlad.

Roedd pobl o bob rhan o'r byd i'w cael mewn porthladdoedd fel Abertawe

Pobl ar grwydr

Dros y canrifoedd mae pobl wedi mudo am nifer o resymau gwahanol. Cofiwch, dydy rhai rhesymau dros fudo byth yn newid. Er enghraifft:

- Trwy'r oesoedd, bu pobl yn dianc rhag rhyfel, er efallai mai dim ond dros gyfnod yr ymladd fyddai hynny.
- Byddai eraill yn penderfynu gadael eu gwlad am byth i chwilio am waith ac i gychwyn bywyd newydd mewn gwlad arall.
- Bu newyn yn broblem sylweddol mewn sawl rhan o'r byd dros y canrifoedd, a'r unig obaith i nifer o bobl oedd symud er mwyn goroesi.
- Mae pobl yn aml wedi gorfod dianc am eu bywydau oherwydd eu bod yn cael eu herlid am eu crefydd, eu daliadau gwleidyddol neu eu hil.

Ystyriwch y rhesymau uchod yn ofalus. Ellwch chi feddwl am enghreifftiau penodol o fudo ar gyfnodau gwahanol mewn hanes ac o rannau gwahanol o'r byd?

Mae llawer o Gymry hefyd wedi gadael eu gwlad am wahanol resymau:

- Bu nifer o Gymry yn ymladd dros fyddinoedd y Normaniaid a'r Saeson yn Iwerddon a Ffrainc yn yr Oesoedd Canol – rhai o'u gwirfodd, eraill wedi eu gorfodi i ymladd.
- Yn ystod oes Elisabeth I (1558-1603), ffodd nifer o Babyddion o Gymru i Ffrainc, Sbaen a'r Eidal oherwydd bod y frenhines yn eu herlid. Roedden nhw'n gobeithio dod yn ôl i Gymru unwaith y byddai'r wlad yn Babyddol eto!
- Aeth rhai i Batagonia yn Ne America yn ystod y 19eg ganrif er mwyn cael gwlad lle byddai ganddyn nhw ryddid i ddefnyddio'r Gymraeg drwy gydol yr amser yn eu bywydau beunyddiol. Doedden nhw ddim yn bwriadu dod yn ôl i Gymru.
- Un o arlunwyr enwocaf yr Eidal oedd Llewelyn Lloyd. Roedd ei deulu yn fasnachwyr o Gymru oedd wedi ymsefydlu ym mhorthladd Livorno yn yr Eidal, ac yno ganwyd Llewelyn yn 1879.
- Bu'r Unol Daleithiau yn gyrchfan poblogaidd i ymfudwyr o Gymru dros y ddau can mlynedd diwethaf … ond y brif wlad i ddenu ymfudwyr o Gymru dros y canrifoedd yw Lloegr!

Mae Cymru yn wlad o fewnfudwyr!

Wyddoch chi mai mewnfudwyr i Gymru oedd y Cymry cyntaf! Yna, ar adegau gwahanol dros y canrifoedd, daeth Rhufeiniaid, Gwyddelod, Normaniaid, Saeson a Fflemiaid yma mewn niferoedd. Bu Sipsiwn ac Iddewon yn rhan bwysig o hanes Cymru hefyd. Yn ogystal â hyn, daeth llawer o unigolion o wledydd amrywiol ledled y byd yma – rhai dros dro, eraill yn barhaol. Daeth rhai mewnfudwyr i chwilio am waith, a daeth eraill, fel yr Huguenotiaid (Protestaniaid o Ffrainc), i ddianc rhag cael eu herlid yn eu gwlad eu hunain.

Daeth y don fwyaf o fewnfudwyr i Gymru yn ystod y 19eg ganrif, a hynny oherwydd y Chwyldro Diwydiannol. Tyfodd poblogaeth De Cymru yn arbennig o gyflym wrth i bobl symud yno i chwilio am waith. Roedd cymoedd y De yn denu Cymry Cymraeg a Chymry di-Gymraeg. O'r tu allan i'r wlad daeth Gwyddelod a Saeson. Ond nid y nhw oedd yr unig fewnfudwyr – daeth nifer o bobl o sawl rhan o'r byd i chwilio am waith a gwell bywyd.

William Haggar, yn wreiddiol o Loegr. Ef ddaeth â ffilm a'r sinema deithiol i Dde Cymru.

Ystyriwch y rhesymau pam mae pobl wedi mudo trwy'r oesoedd.
Oes rhai o'r rhain yn wir heddiw?

Roedd trefi diwydiannol fel Merthyr Tudful wedi denu mewnfudwyr o weddill Cymru, gweddill Ynysoedd Prydain ac Ewrop

Poblogaeth Cymru yn 1891:
1,771,451

Gwaith dur Brymbo ger Wrecsam

Pennod 1 1900-1918

Trosolwg

Erbyn dechrau'r ugeinfed ganrif roedd y byd yn prysur newid. Roedd datblygiadau ym myd llongau, ymhlith ffactorau eraill, yn golygu bod masnach ryngwladol yn tyfu a datblygu. Oherwydd ei diwydiannau, roedd Cymru'n ganolbwynt pwysig i economi'r byd. Roedd cystadlu masnachol rhwng gwledydd mawrion y byd yn un o'r rhesymau dros y Rhyfel Byd Cyntaf a effeithiodd ar gymaint o gymunedau yng Nghymru a ledled y byd. Cafodd yr holl newidiadau yng Nghymru a'r byd ehangach effaith ar yr amryw bobloedd oedd yn byw yma – y Cymry, y mewnfudwyr traddodiadol a'r mewnfudwyr newydd.

Y Gwyddelod

Mae'r Gwyddelod a'r Cymry wedi bod yn gymdogion erioed, a thros y canrifoedd bu llawer o gysylltiadau rhwng y ddwy wlad, yn cynnwys cysylltiadau crefyddol a masnachol.

Yn ystod y bedwaredd ganrif ar bymtheg a rhan helaeth o'r ugeinfed ganrif, ymfudodd Gwyddelod ar raddfa enfawr. Tlodi a newyn yn Iwerddon oedd y prif resymau dros ymfudo yn y bedwaredd ganrif ar bymtheg. Rhwng 1845 ac 1850 bu farw miliwn o bobl oherwydd y Newyn Mawr yn Iwerddon a gadawodd dros filiwn o Wyddelod eu gwlad. I'r Unol Daleithiau a Lloegr y symudodd y mwyafrif, ond daeth nifer i Gymru. Er nad oedd croeso i Wyddelod ym mhobman, a chafwyd terfysgoedd yn eu herbyn ar adegau, erbyn dechrau'r ugeinfed ganrif roedd dros 20,000 o Wyddelod yn byw yn Nghymru. I'r trefi mawrion yr aethon nhw yn bennaf, yn cynnwys Merthyr Tudful a Chaerdydd. Aeth nifer i Gaerdydd i weithio fel labrwyr yn y gwaith o adeiladu'r dociau. Cafodd y Gwyddelod tlotaf eu gwasgu i gornel o Gaerdydd o'r enw Newtown. Rhoddwyd yr enw 'Little Ireland' ar yr ardal hon.

Doedd dim croeso cynnes i fewnfudwyr o Iwerddon bob amser, fel mae'r poster hwn o'r bedwaredd ganrif ar bymtheg yn ei ddangos

Roedd mwyafrif y Gwyddelod yn Gatholigion, ond roedd mwyafrif llethol y Cymry yn Brotestaniaid. Felly, roedd y mewnfudo Gwyddelig yn cael effaith ar batrwm crefyddol Cymru ac yn golygu nad oedd croeso i Wyddelod bob tro. Gan fod cymaint o Wyddelod yng Nghymru, sefydlwyd Coleg Catholig yn Nhreffynnon yn 1904 er mwyn i offeiriaid Pabyddol allu dysgu Cymraeg a chenhadu yng Nghymru. Symudodd cymaint o Wyddelod i Gymru fel y sefydlodd yr Eglwys Babyddol archesgobaeth yng Nghymru yn 1916 i wasanaethu'r Pabyddion. Archesgob Pabyddol cyntaf Caerdydd oedd James Bilsborrow, o Loegr.

Adeiladu Doc y Rhath, Ebrill 1884, lle bu llawer o Wyddelod yn gweithio

Paul Radmilovic. Pencampwr nofio Cymreig a rhyngwladol. Roedd ei fam yn Wyddeles a'i dad yn Roegwr.

Y Sipsiwn

Roedd y Sipsiwn (y Roma) wedi bod yn rhan o fywyd Cymru, a sawl rhan arall o Ewrop, ers canrifoedd. Roedd ganddyn nhw eu hiaith a'u diwylliant eu hunain, a ffordd arbennig o fyw. Oherwydd hyn, fe'u hystyrid yn aml fel pobl estron, a doedd dim croeso iddyn nhw wersylla mewn rhai ardaloedd.

Dyna fu'r hanes yn Abermaw yn 1901, pan ddatganodd papur newydd lleol fod angen chwalu gwersyll y Sipsiwn a'u hel ar eu ffordd. Mewn un cylchgrawn yn 1914, ymatebodd y Sipsiwn, a dywedodd un Sipsi o'r enw Eli Burton fod angen addysgu pobl ynglŷn â bywyd y Sipsiwn – sef nad oedd pob Sipsi yn lleidr neu'n llofrudd! Dywedodd hefyd y dylai pob tref fod â safle gyda chyfleusterau modern ar gyfer Sipsiwn.

C?

A oedd Eli Burton yn iawn – os yw pobl am ddeall pobloedd eraill, yna addysg yw'r ateb?

Yr Iddewon

Un grŵp o bobl a groesawyd ac a erlidiwyd ar wahanol adegau ar hyd a lled Ewrop oedd yr Iddewon. Roedden nhw'n rhan bwysig o fywyd Cymru gan fod Iddewon teithiol yn mynd i bentrefi bychain anghysbell ar hyd a lled y wlad i werthu eu nwyddau.

Yn 1900, yn *Y Clorianydd*, un o bapurau newydd Ynys Môn, cafwyd erthygl o dan y teitl 'Pla yr Iddewon' yn rhestru cwynion am Iddewon teithiol, sef:

'Pla yr Iddewon'

Mae cymaint ohonyn nhw.
Mae pobl leol yn methu fforddio'r nwyddau sy'n cael eu cynnig.
Mae'r bobl leol sy'n methu talu yn gorfod mynd i'r llys fel methdalwyr.
Mae'r Iddewon teithiol yn gwerthu ar y Sul.

Roedd yr erthygl hefyd yn datgan hawl yr Iddewon i dderbyn tâl am eu nwyddau, ac yn ymosod ar ffolineb y Cymry am brynu nwyddau nad oedd arnyn nhw eu hangen.

Un o'r rhai a ymatebodd i feirniadaeth y papur newydd oedd Morris Wartski, Iddew oedd yn berchen ar siop ym Mangor ac yn uchel ei barch yn lleol. Dywedodd fod yr Iddewon wedi eu derbyn yn lleol ond rhybuddiodd pobl rhag yr Iddewon teithiol hynny oedd yn dod o bell i werthu!

Erbyn dechrau'r ugeinfed ganrif roedd cymunedau o Iddewon yn Abertawe, Tredegar, Bangor, Caerdydd a Llanelli. Roedd y cymunedau yn amrywio o ran maint – roedd tua 2,000 o Iddewon yn byw yng Nghaerdydd a thua 150 yn Nhredegar. Yng Nghaerdydd, roedd siopau Iddewig yn gwasanaethu ardaloedd cyfoethog a thlawd. Doedd yr Iddewon ddim yn gweithio yn y dociau – roedd arnyn nhw eisiau diogelu'r Saboth, ac roedd yn haws gwneud hynny os oedden nhw'n rheoli eu busnesau a'u horiau gwaith eu hunain. Ar y llaw arall, ceir tystiolaeth fod rhai Iddewon yn gweithio fel glowyr yn Abertyswg.

Does dim hanes o ymosodiadau ar Iddewon yn Nghymru cyn yr ugeinfed ganrif, ond yn 1911 cafwyd terfysgoedd mawr yn eu herbyn yn Nhredegar.

TERFYSGOEDD 1911

Dechreuodd y terfysgoedd ychydig cyn hanner nos ar nos Sadwrn 19eg Awst 1911. Achoswyd difrod mawr i eiddo'r Iddewon a doedd yr heddlu ddim yn gallu rhwystro'r terfysgwyr. Lledaenodd y trafferthion i rannau eraill o gymoedd y De a rhoddwyd dwy siop Iddewig ar dân yn Senghennydd. O ganlyniad, gadawodd yr Iddewon dref Tredegar.

Beth oedd achosion y terfysgoedd?

Ai problemau economaidd?

Roedd 1911 yn flwyddyn o drafferthion economaidd, pan oedd teuluoedd tlawd mewn dyled i siopwyr a landlordiaid. Felly, ymosodwyd ar siopau oherwydd bod prisiau bwydydd wedi codi, ac ymosodwyd ar landlordiaid am fod pobl mewn dyled iddyn nhw. Roedd rhai o'r landlordiaid hynny'n Iddewon.

I rai haneswyr, roedd terfysgoedd Tredegar yn enghraifft o brotest economaidd yng Nghymru.

Ai hiliaeth?

Mae rhai haneswyr yn credu bod yr ymosodiad yn hiliol – yr unig bogrom yn hanes Ynysoedd Prydain – oherwydd:

- Ymosodwyd ar eiddo'r Iddewon yn gyntaf.
- Er i'r torfeydd ymosod ar eiddo rhai pobl nad oedden nhw'n Iddewon, ymosodwyd ar eiddo pob Iddew.

Er hynny, llwyddodd nifer o bobl leol i amddiffyn rhai o'r Iddewon rhag y dorf. Rhoddodd rhai o'r trigolion lleol y bai am y terfysgoedd ar hwliganiaid o du allan i'r fro.

Mae haneswyr yn anghytuno hyd heddiw ai hiliaeth oedd y tu cefn i'r terfysgoedd ai peidio. Beth yw eich barn chi? (Ystyriwch y dystiolaeth uchod, y tudalennau eraill ar hanes yr Iddewon yn y llyfr hwn, a'ch gwybodaeth am hanes Iddewon yng Nghymru ac Ewrop dros y canrifoedd.)

Plismon yn gwarchod un o siopau'r Iddewon yn Nhredegar, ond yn rhy hwyr

Siopau a ddinistrwyd wedi'u cau ag estyllod

Y porthladdoedd prysur

Fel y gwelwyd ar ddechrau'r llyfr hwn, roedd pobl o bob rhan o'r byd i'w cael ym mhorthladdoedd Cymru. Un o'r canolfannau lle cafwyd mewnlifiad amlwg cyn y Rhyfel Byd Cyntaf oedd ardal Butetown yng Nghaerdydd, a oedd hefyd yn cael ei galw'n Tiger Bay. Ardal dociau Caerdydd oedd Tiger Bay. Gan nad oedd nifer fawr o dramorwyr yn byw yng ngweddill Cymru, roedd llawer o anwybodaeth a rhagfarn yn bodoli ynglyn â chymunedau fel Tiger Bay.

Y Somalïaid

Un o'r carfanau o fewnfudwyr oedd y Somalïaid. Eu bwriad wrth weithio ar longau yn hwylio o Gymru oedd ennill digon o arian i brynu da byw gartref. Tra yng Nghaerdydd, roedden nhw'n aros mewn lletyau oedd yn cael eu rhedeg gan Somalïaid oedd wedi ymgartrefu yno. Roedd hyn yn golygu eu bod yn teimlo'n gartrefol gan eu bod yn aros gyda phobl oedd yn siarad yr un iaith, yn rhannu'r un arferion ac yn dod o gefndir tebyg.

Eglwys Norwyaidd Caerdydd

Y Norwyaid

Un o brif wledydd morwrol y byd oedd Norwy, a dydy hi ddim yn syndod felly bod nifer o bobl o Norwy wedi ymsefydlu yng Nghaerdydd. Roedd llawer o ddynion busnes o Norwy yn byw yno ac yn berchen ar siop neu lety. Penderfynodd llawer ohonyn nhw aros a phriodi yn lleol.

Doedd cael gwaith ar long ddim yn hawdd – roedd llongwyr yn cael eu cyflogi am un fordaith ar y tro ac yna'n cael eu diswyddo neu'n arwyddo am fordaith arall. Mewn dociau ar hyd a lled y byd, roedd dynion o bob cenedl yn brwydro am waith, ac weithiau byddai hyn yn arwain at wrthdaro – rhwng pobl â lliw croen gwahanol, neu rhwng pobl o genhedloedd gwahanol, ond gallai hefyd ddigwydd rhwng pobl leol. Roedd hyn yn arbennig o wir ar adeg o ddirwasgiad economaidd.

Byddai llawer o drigolion Butetown yn hwylio ar longau Cymreig, gyda nifer ohonyn nhw'n gallu siarad Cymraeg o'r herwydd. Mae'r llun yn dangos criw'r S.S. Glamorgan yn Ibiza yn 1913.

Y Chineaid

Un grŵp o bobl oedd i'w gael mewn trefi porthladd ledled y byd oedd y Chineaid. Roedd tua 200 o Chineaid yn byw yng Nghaerdydd, sef nifer isel iawn. Roedden nhw naill ai'n llongwyr neu'n rhedeg golchdai, ac roedd ganddyn nhw dros 30 o olchdai, wedi eu gwasgaru ledled Caerdydd. Roedden nhw'n cael eu hadnabod fel pobl weithgar iawn, ac yn rhad iawn i'w cyflogi. Ond tra bod rhai yn eu canmol am eu gwaith caled a'r ffaith eu bod yn parchu'r gyfraith, roedd eraill yn ddrwgdybus ohonyn nhw.

Roedd 1910-11 yn gyfnod o anghydfod diwydiannol yn Ne Cymru. Ym Mehefin 1911, aeth morwyr Caerdydd ar streic, ac arweiniodd hyn at ymosodiadau ar eiddo a thrais. Os oedd y streic i lwyddo, rhaid oedd cadw'r morwyr yn unedig. Roedd Undeb y Morwyr eisoes wedi dangos eu dicter tuag at y Chineaid am eu bod yn barod i weithio am gyflogau isel ac yn cadw allan o drwbl. Credai rhai, heb unrhyw dystiolaeth, eu bod yn denu merched gwynion i fod yn buteiniaid a'u bod yn ysmygu opiwm. Efallai mai rhagfarn sydd hefyd i gyfrif am y ffaith fod yr undeb wedi gwrthod gadael i Chineaid ymuno!

Ymosod ar y Chineaid

O ystyried y cefndir hwn, dydy hi ddim yn syndod mai un canlyniad i anghydfod 1911 oedd ymosodiad ar y Chineaid yng Nghaerdydd.

Pan gyrhaeddodd criw o Chineaid borthladd Caerdydd, roedd hyn yn gyfle i ymosod arnyn nhw. Ymosodwyd ar bob un golchdy Chineaidd yng Nghaerdydd ac ymosodwyd ar y Chineaid yn gorfforol hefyd. Does dim dwywaith eu bod yn cael eu defnyddio fel bwch dihangol (sef rhoi bai ar rywun yn fwriadol).

Mae'n bosibl dadlau bod yr ymosodiadau hyn yn:

- anghyffredin – gan nad oedd hanes o ymosodiadau tebyg yng Nghaerdydd;
- hiliol – oherwydd bod lliw croen gwahanol, iaith wahanol iawn ac arferion gwahanol gan y Chineaid;
- deillio o ofn – roedd morwyr yn pryderu bod gweithwyr tramor yn cymryd eu swyddi;
- bwriadol – roedd Undeb y Morwyr yn pigo ar y Chineaid fel ffordd o gadw pawb a oedd yn rhan o'r streic yn unedig;
- cymysgedd o'r uchod!

C

- Beth oedd y tebygrwydd a'r gwahaniaethau rhwng yr ymosodiadau ar yr Iddewon yn Nhredegar a'r ymosodiadau ar y Chineaid yng Nghaerdydd yn 1911?
- Pam na chafwyd ymosodiadau ar fewnfudwyr o Norwy a'r Somalïaid?

Un o Chineaid Caerdydd yn cael ei warchod gan yr heddlu adeg anghydfod 1911

Cymru'n newid

Ar ddechrau'r ugeinfed ganrif, roedd 27% o drigolion Sir Forgannwg, sir fwyaf poblog Cymru, wedi eu geni y tu allan i Gymru. Er bod pobl o sawl gwlad yn symud i sawl rhan o Gymru, yr ardaloedd diwydiannol oedd yn denu'r mwyafrif ohonyn nhw. Roedd rhai grwpiau o fewnfudwyr yn amlwg iawn.

Y Saeson

Roedd 16% o boblogaeth Cymru wedi eu geni yn Lloegr, a chwaraeodd y rhain ran bwysig yn natblygiad Cymru, yn arbennig yn yr ardaloedd diwydiannol dosbarth gweithiol. Doedd dim gwrthdaro rhwng y Cymry a'r Saeson fel oedd rhwng rhai grwpiau ethnig eraill. Llwyddodd nifer o Saeson i gadw eu hunaniaeth a'u traddodiadau wedi iddyn nhw symud i Gymru, tra daeth eraill, o fewn cenhedlaeth neu ddwy, yn Gymry eu hunain. Daeth Saesneg yn brif iaith sawl cymuned ar draul y Gymraeg. Lleiafrif oedd y Saeson hynny a ddysgodd Gymraeg, hyd yn oed yn yr ardaloedd lle roedd y Gymraeg yn gref iawn.

Fel hyn y disgrifiodd un glöwr y sefyllfa ymhlith y cenhedloedd cymysg yng Nghwm Nedd:

'What a mixture of languages and dialects … Yorkshire and Durham men, Londoners, men from the Forest of Dean, North Welshmen … two Australians, four Frenchmen and several coloured gentlemen. Of course, the Welshmen were at a disadvantage when they tried to convey their thoughts in … English. The meetings had to be in English because most of the Welshmen could express themselves to some extent in English, while the majority of the English maintained a frightened silence whenever Welsh was spoken.'

Yr Eidalwyr

Daeth nifer o Eidalwyr i fyw i Gymru, i'r De fel arfer. Cyrhaeddodd yr Eidalwyr cyntaf drwy'r porthladdoedd. Er i rai wynebu gwrthwynebiad ar y cychwyn, yn fuan iawn roedden nhw wedi cael eu derbyn gan y Cymry. Cyn bo hir, doedd yna'r un dref na phentref yn Ne Cymru heb gaffi Eidalaidd, a daethon nhw'n rhan bwysig o'r gymdeithas leol. Rhoddodd capelwyr ac eglwyswyr groeso iddyn nhw hefyd gan eu bod yn cynnig rhywbeth yn lle tafarndai. Roedd y caffis fel arfer yn fusnesau teuluol, a'r elw yn cael ei anfon adref i'r Eidal. Drwy weitho'n galed am oriau hir, a thrwy fod yn ofalus â'u harian, roedd yn bosibl i'r Eidalwyr wneud bywoliaeth weddol.

Nifer y bobl a anwyd yn yr Eidal ac a oedd yn byw yng Nghymru 1881-1921

Sir	1881	1891	1901	1911	1921
Morgannwg	445	511	684	833	997
Mynwy	89	31	89	303	335
Gweddill Cymru	36	25	153	159	201
Cyfanswm	580	567	926	1295	1533

Giuseppe Rabaiotti gyda'i gert hufen iâ yn Aberpennar tua 1907

Y Sbaenwyr

King Alfonso Street

Roedd nifer o drigolion o ogledd Sbaen, yn arbennig Gwlad y Basg, wedi cyrraedd Merthyr Tudful yn 1907 i weithio yn y gwaith haearn lleol. Erbyn 1911, roedd tua 250 o Sbaenwyr yn byw yn y dref. Symudodd rhai ohonyn nhw i Aber-craf i weithio yn y pyllau glo lleol, ac yn fuan roedd tua 200 yn byw yno hefyd. Roedd y stryd lle roedden nhw'n byw yn cael ei galw'n 'Spanish Row' neu 'Espaniardos Row'. Mae yna hefyd stryd o'r enw King Alfonso Street yn Nowlais, sy'n deillio o'r un cyfnod.

Roedd rhai o arweinwyr y capeli lleol yn eu gwrthwynebu am eu bod yn Gatholigion neu'n anffyddwyr, ac am eu bod yn yfed ac yn dawnsio ar y strydoedd ar nosweithiau Sadwrn a nosweithiau Sul. Roedd yr ieuenctid yn fwy parod i'w derbyn. Roedd nifer o'r Cymry a'r Sbaenwyr wedi dod yn gymaint o ffrindiau fel eu bod wedi dysgu ieithoedd ei gilydd. Fel mae David Smith a Hywel Francis yn esbonio yn eu llyfr *The Fed: A History of the South Wales Miners in the Twentieth Century:*

'... it was not uncommon to hear a Welsh collier shout from the coalface to a Spanish haulier: "Caballista! Uno caballo!" (Haulier! One horse!). The reply was likely to have been in Welsh or Spanish but not in English.'

Nid Sbaenwyr oedd yr unig weithwyr o dramor yn y fro. Roedd Ffrancwyr, Eidalwyr ac Almaenwyr yno hefyd. Erbyn 1914 ofnai rhai gweithwyr lleol fod y meistri am ddefnyddio gweithwyr rhad o dramor. Bu protestio, ac mewn un achos gwrthododd glowyr lleol fynd i lawr y pwll gyda'r gweithwyr estron. Ceisiodd arweinydd y mewnfudwyr amddiffyn y Sbaenwyr trwy ddadlau eu bod hwythau'n weithwyr cyffredin fel y gweithwyr lleol. Mae'n ymddangos bod elfen hiliol i'r gwrthdaro, ond daeth y brotest i ben oherwydd dechrau'r Rhyfel Byd Cyntaf, a oedd yn creu gwaith yn lleol. Aeth rhai o'r tramorwyr gartref i ymladd yn y rhyfel, ac ar ddiwedd y rhyfel datganodd Ffederasiwn y Glowyr y dylai'r pyllau glo eu derbyn yn ôl.

Awgrymch resymau pam y cafodd rhai mewnfudwyr eu croesawu yng Nghymru yn fwy nag eraill.

Chwaraeon i bawb

Yn fuan iawn, roedd llawer o Sbaenwyr a Basgwyr ifanc yn cymryd rhan mewn chwaraeon lleol. Mae chwaraeon yn gallu dweud llawer wrthym am gymdeithas Cymru ar y pryd ac am agweddau tuag at fewnfudwyr. Erbyn yr 20fed ganrif, roedd chwaraeon wedi dod yn rhan bwysig o fywyd pobl, yn arbennig chwaraeon cystadleuol. Wrth i oriau hamdden rhai pobl gynyddu, roedd mynd i wylio chwaraeon yn boblogaidd iawn hefyd.

Daeth rygbi yn gêm genedlaethol y Cymry yn ystod rhan olaf y 19eg ganrif a dechrau'r 20fed ganrif, ac roedd yn gallu tynnu mewnfudwyr o Loegr ac Iwerddon i'w rhengoedd. Er enghraifft, cafodd William O'Neil (roedd ei deulu yn dod o Cork yn Iwerddon) un ar ddeg o gapiau i Gymru rhwng 1904 ac 1908. A phan lwyddodd Cymru i guro Seland Newydd mewn gêm rygbi yn 1905, capten y tîm oedd Gwyn Nicholls, a gafodd ei eni yn Lloegr! Roedd yn un o nifer o Saeson a gyfrannodd at gyfnod euraid rygbi Cymru ar ddechrau'r ugeinfed ganrif.

Un o focswyr enwocaf y cyfnod oedd 'Peerless' Jim Driscoll a anwyd yn 'Little Ireland' yng Nghaerdydd yn 1880. Enillodd Felt Lonsdale yn 1910-11, ac ef oedd 'Tywysog Cymru' i''r Cymry. Roedd yn dryw i'w grefydd a gwrthododd ymladd ar un achlysur oherwydd ei fod wedi addo ymweld â chartref i blant Catholig yng Nghaerdydd.

A oedd y datblygiadau ym myd chwaraeon yn cynnig cyfleoedd i fewnfudwyr o gefndiroedd gwahanol?

Jim Driscoll

Y Rhyfel Byd Cyntaf (1914-1918)

Yn ystod y Rhyfel Mawr, bu farw miloedd o bobl mewn gwledydd ledled Ewrop. Doedd hi ddim yn bosibl rhoi enw i bob corff, ac mae miloedd o gyrff yn parhau'n ddi-enw.

Un o'r rhai i golli ei fywyd yn y rhyfel oedd y milwr ifanc yn y llun isod. Y cwbl a wyddom amdano yw ei fod yn dod o Butetown yng Nghaerdydd. Er nad oedd cymuned ethnig Caerdydd yn fawr iawn ar y pryd, mae ei farwolaeth yn ein hatgoffa bod pobl o bob cefndir yng Nghymru wedi ymladd yn y rhyfel. Mae'r ffaith nad ydym yn gwybod ei enw yn ein hatgoffa o erchyllterau rhyfel. Roedd y gŵr ifanc hwn yn un o'r 'milwyr anhysbys'.

Un arall a fu farw yn 1917 oedd Adolphus Wood, a hynny ar faes y gad yng Ngwlad Belg. Roedd yn un o'r Sipsiwn Cymreig, ac yn adnabyddus ledled Gogledd Cymru gan y byddai ef a'i frawd Cornelius yn teithio o gwmpas yn canu eu ffidlau oedd wedi eu gwneud o hen focsys siocled.

Mae rhyfel yn gallu achosi problemau mawr i fewnfudwyr. Roedd Dr. Hermann Ethé yn ddarlithydd ym Mhrifysgol Aberystwyth. Roedd wedi gadael yr Almaen yn 1875 i ddod i fyw i Gymru oherwydd ei fod yn gwrthwynebu polisïau milwrol yr Almaen. Roedd yn boblogaidd iawn yn y brifysgol ond wedi i'r Rhyfel Mawr gychwyn cafwyd protest fawr yn erbyn Almaenwyr ac estroniaid eraill. Gorymdeithiodd torf at gartref Dr. Ethé. Gadawodd Aberystwyth y diwrnod canlynol. Yr un noson, aethpwyd at gartref dyn o'r enw Dr. Schott a dywedwyd wrtho yntau am adael y dref. Ond roedd y dorf wedi gwneud camgymeriad – Sais oedd Dr. Schott, nid Almaenwr!

Doedd y math hwn o weithredu ddim wedi'i gyfyngu i un rhan o Gymru yn unig – bu terfysg yn erbyn Almaenwyr yn y Rhyl hefyd, yn 1915.

Y milwr anhysbys o Butetown

Llun prin o Adolphus a Cornelius Wood gyda'u ffidlau

Y Belgiaid

Daeth Prydain yn rhan o'r Rhyfel Mawr oherwydd bod yr Almaen wedi ymosod ar Wlad Belg – roedd Prydain wedi cytuno i helpu'r Belgiaid pe bai gwlad arall yn ymosod arni. Ar ddechrau'r rhyfel, felly, roedd llawer o bobl yn cydymdeimlo'n fawr â'r Belgiaid, a daeth nifer fawr i fyw i Gymru er mwyn ffoi rhag lluoedd yr Almaen.

Pan gyrhaeddodd y ffoaduriaid o Wlad Belg, cawson nhw groeso ym mhob man. Derbyniodd nifer loches yng Nghaerdydd a ledled De Cymru. Aeth nifer i fyw i Abertawe gan fod cymuned o weithwyr metel o Wlad Belg yn byw yno eisoes. Roedd y Belgiaid yn cynnwys llenorion ac artistiaid enwog oedd yn helpu i godi arian i gynnal y ffoaduriaid. Ar Ynys Môn, y Belgiaid oedd yn gyfrifol am adeiladu Promenâd y Belgiaid ym Mhorthaethwy rhwng 1914 ac 1916.

Roedd llywodraeth Prydain wedi dweud y byddai'r rhyfel yn un byr, ond yn fuan iawn daeth yn amlwg na fyddai hynny'n wir. Dechreuodd rhai bobl gwyno y dylai'r Belgiaid fynd adref i ymladd yn erbyn yr Almaenwyr. Roedd eraill o'r farn y dylen nhw fod yn gweithio, ond roedd Ffederasiwn Glowyr De Cymru yn poeni am hyn oherwydd bod diweithdra yn parhau'n broblem fawr mewn rhai ardaloedd yn y De.

A oedd rhyfel yn newid agweddau pobl Cymru tuag at fewnfudwyr?

Achos ac Effaith

- Pa grwpiau o bobl a symudodd i Gymru yn y cyfnod 1900-1918?
- Beth oedd y rhesymau dros hyn?
- Sut y cyfrannodd y grwpiau hyn at hanes Cymru yn y cyfnod 1900-1918?

Geirfa

amlddiwylliannol – *multicultural*, cymysgedd o wahanol ieithoedd, hilion, crefyddau, diwylliannau
allfudwr – *out-migrant*, rhywun sy'n symud o un ardal i ardal arall o fewn yr un wlad
erlid – *to persecute*, achosi trafferthion neu aflonyddu ar bobl am wahanol resymau
hiliaeth – *racism*, rhywbeth sydd wedi'i seilio ar y syniad fod un hil yn well na'r llall
mewnfudwr – *immigrant*, rhywun sy'n symud i mewn i wlad arall neu *in-migrant*, rhywun sy'n symud o un ardal i ardal arall o fewn yr un wlad
mewnfudwyr ethnig – *ethnic immigrants,* pobl o hil neu ddiwylliant gwahanol sy'n symud o un wlad i wlad arall
mudo – *to migrate*, symud o un lle i le arall, e.e. i weithio neu i fyw
mudwr – *migrant*, rhywun sy'n mudo
pogrom – *pogrom*, lladdfa fawr
rhagfarn – *prejudice*, barn neu deimlad annheg yn erbyn pobl oherwydd amheuaeth ynglŷn â phobl sy'n wahanol
ymfudwr – *emigrant*, rhywun sy'n gadael ei wlad am wlad arall

Pennod 2 1918-1945

Trosolwg: Dirwasgiad a Rhyfel

Roedd y blynyddoedd rhwng y ddau ryfel byd (1919–1939) yn gyfnod o ddirwasgiad economaidd. Roedd prinder gwaith yn broblem ar hyd a lled Cymru. Dydy hi ddim yn syndod felly fod pobl wedi gadael Cymru yn eu miloedd i chwilio am waith yn Lloegr a thu hwnt. Mae rhai haneswyr yn credu bod rhwng 20% a 25% o boblogaeth Cymru wedi gadael y wlad yn ystod y cyfnod hwn. Er hynny, mewnfudodd nifer o bobl i Gymru yn ystod y blynyddoedd hyn hefyd. Cyrhaeddodd rhai ohonyn nhw drwy borthladdoedd De Cymru. Roedd y mwyafrif ohonyn nhw'n llongwyr ond agorodd rhai dai llety yn ardal y dociau. Daeth llawer o ffoaduriaid i Gymru, a hynny'n bennaf oherwydd digwyddiadau dramor, gan gynnwys effaith yr Ail Ryfel Byd (1939–1945).

'Snow, Sunshine, Rain' *gan Heinz Koppel, yr arlunydd mynegiadol o'r Almaen a symudodd i Gymru yn y 30au*

Roedd y blynyddoedd yn union ar ôl y Rhyfel Mawr (1914-1918) yn flynyddoedd caled iawn. Cafwyd ymosodiadau hiliol mewn sawl rhan o Ynysoedd Prydain. Caerdydd oedd prif ganolbwynt yr ymosodiadau hiliol yng Nghymru ond cafwyd ymsodiadau yng Nghasnewydd a'r Barri hefyd.

Terfysgoedd Caerdydd 1919

Dechreuodd y terfysgoedd yng Nghaerdydd gydag ymosodiadau ar ddynion duon a'u gwragedd gwynion, ac ar bobl o dras Chineaidd, Groegaidd ac Arabaidd. Ymosodwyd ar eu heiddo a'u llety hefyd. Roedd y dynion duon yn barod i ymladd i'w hamddiffyn eu hunain. Bu farw pump o bobl yn ystod y terfysgoedd. Ymateb yr awdurdodau oedd arestio nifer o'r dynion duon. Alltudiwyd 200 ohonyn nhw. Dywedodd yr awdurdodau mai'r bwriad oedd diogelu'r dynion duon!

Rhai dynion duon a'u gwragedd gwynion yng Nghaerdydd

Achosion y gwrthdaro

Yn ystod y Rhyfel Byd Cyntaf, roedd Lloyd George a'r llywodraeth wedi addo 'cartrefi ar gyfer arwyr' unwaith y byddai'r rhyfel drosodd. Ond oherwydd trafferthion economaidd doedden nhw ddim wedi gallu cadw at yr addewid. Roedd llawer o bobl yn siomedig. Oedden nhw felly'n chwilio am rywun i'w feio?

Roedd y rhan fwyaf o'r rhai oedd yn ymosod ar y mewnfudwyr yn llongwyr a milwyr oedd wedi dychwelyd o'r rhyfel. Doedd dim llawer o waith ar eu cyfer. Roedd y dynion gwynion a ddaeth gartref o'r rhyfel yn credu bod y dynion croenddu wedi cael amser da o'i gymharu â nhw. Ond bu farw 1,000 o longwyr croenddu Caerdydd yn ystod y rhyfel.

Roedd morwyr yn dod i Gaerdydd o bob rhan o Gymru, Ewrop a thu hwnt. Ar y naill law, roedden nhw wedi arfer gweithio ochr yn ochr â'i gilydd ar y môr. Ar y llaw arall, roedd yna raniadau yn bodoli oherwydd cefndir, iaith, lliw croen, crefydd a gwahaniaethau eraill. Roedd y posibilrwydd o wrthdaro yn real iawn felly, yn arbennig mewn cyfnod o ddirwasgiad economaidd.

Roedd nifer o ddynion duon yn gweithio yn y dociau. Roedden nhw'n cael eu derbyn gan lawer o'r bobl leol. Priododd rhai â merched gwynion ac ymgartrefu yng Nghaerdydd. Ond roedd hyn yn achosi gwrthdaro mewn mannau gan fod rhai pobl wynion yn ddig am eu bod yno.

Roedd rhai yn condemnio'r tactegau ond nid y teimladau – hynny ydy, roedden nhw'n cefnogi'r gwrthwynebiad i'r mewnfudwyr ond doedden nhw ddim yn cefnogi defnyddio trais.

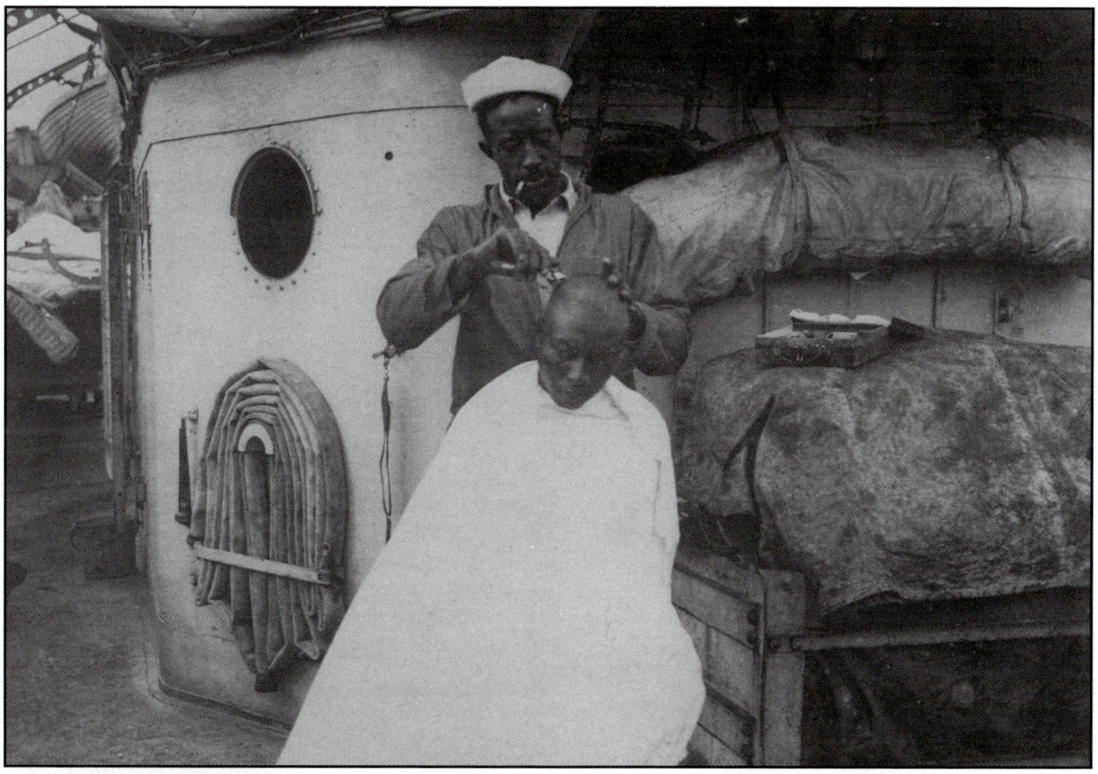

Morwr du yn cael torri ei wallt ar fwrdd llong, c.1914–1918

Ai hiliaeth oedd achos y terfysgoedd yn eich barn chi?

Y mewnfudwyr traddodiadol

Nid mewnfudwyr Tiger Bay, Caerdydd oedd yr unig rai i deimlo eu bod yn wahanol i weddill Cymru.

Y Gwyddelod

Roedd y Gwyddelod oedd wedi symud i Gymru yn ystyried eu hunain yn wahanol i'r Cymry am eu bod yn dod o wlad wahanol ac am eu bod yn Gatholigion. Roedd eu plant, a phlant eu plant hefyd, yn ystyried eu hunain yn Wyddelod, er nad oedden nhw erioed wedi bod yn Iwerddon. Roedd yna sawl cymuned Gatholig mewn sawl rhan o Gymru. Oherwydd eu ffydd Gatholig, roedden nhw'n gallu byw bywyd ar wahân mewn sawl ffordd. Roedd ganddyn nhw eu hysgolion Catholig eu hunain a chlybiau rygbi Catholig. Roedden nhw felly'n hybu eu hunaniaeth eu hunain (sef cadw eu gwreiddiau Gwyddelig a'u ffordd o fyw). Gallai hynny arwain at wrthdaro ar adegau, fel yn Sir Benfro yn yr 1930au pan fu ymladd rhwng Gwyddelod a phobl leol.

Y Sipsiwn

Grŵp arall oedd yn cael ei ystyried yn wahanol i weddill y Cymry oedd y Sipsiwn. Er bod y Sipsiwn, neu'r Roma, yn rhan o hanes Cymru ers canrifoedd, roedd llawer o bobl yn eu gweld yn wahanol i weddill cymdeithas.
Erbyn yr 1920au roedd Saesneg wedi disodli Romanus fel iaith cartref y mwyafrif o Sipsiwn, ond roedd pobl yn dal i'w hystyried fel grŵp oedd y tu allan i weddill cymdeithas.
Rhwydwaith bach o deuluoedd ar hyd a lled y wlad oedd y Roma erbyn hyn. Er bod rhai o'r Sipsiwn Cymreig, fel teulu Abram Wood er enghraifft, yn gallu siarad Cymraeg, doedden nhw ddim yn ystyried eu hunain yn Gymry nac yn Saeson. Roedd Abram Wood a'i deulu yn byw ym Metws Gwerful Goch yng Ngogledd Cymru. Roedden nhw'n siarad Cymraeg a Saesneg, a hefyd math pur ar hen iaith y Roma. Roedd yr iaith hon wedi darfod o'r tir mewn sawl rhan arall o Ewrop.

Eldra Jarman, hanesydd y Sipsiwn ac awdures yn y Gymraeg, oedd yn hannu o'r teulu Wood

Bu Dr. John Sampson, Sais o Lerpwl, yn astudio ffordd y Sipsiwn o fyw a'u hiaith, ac yn byw yn eu plith. Roedd y Sipsiwn yn ei barchu cymaint fel eu bod yn ei alw'n *'tacho Phral'* ('gwir frawd'). Pan fu farw Dr. Sampson yn 1931, gwasgarwyd ei lwch ar ben Foel Goch uwchben pentref Llangwm. Yn ei angladd, cafodd alawon Cymreig eu canu ar y ffidil gan dri o ffidlwyr y Sipsiwn, pob un o'r enw Reuben Roberts, sef tair cenhedlaeth o'r un teulu.

Yr Iddewon

Roedd sawl cymuned Iddewig yn byw yn Ne Cymru, yn cynnwys yn Aberdâr, Bryn-mawr, Casnewydd, Merthyr Tudful ac Abertawe. Roedd mwy nag un synagog yng Nghaerdydd, ac roedden nhw'n ganolfannau cymdeithasol pwysig. Tueddai'r Iddewon cyfoethog i fyw yn Heol y Gadeirlan, tra oedd y rabïaid a'r Iddewon tlawd yn byw yn Nhreganna a Glan yr Afon. Roedd yr Iddewon yn rhan o'r gymdeithas ehangach, gyda'r plant yn mynychu'r ysgolion lleol a'r brifysgol. Etholwyd cynghorydd Iddewig cyntaf Cyngor Caerdydd yn 1928.

Alfred Mond, Iddew Almaenig ac AS Abertawe 1910-24

Er gwaethaf terfysgoedd Tredegar yn 1911, does dim tystiolaeth fod yr Iddewon yn ofni eu cymdogion. Ond, fel grŵp ethnig, roedden nhw'n awyddus i amddiffyn eu crefydd ac roedden nhw'n ofni rhyngbriodi a chael eu cymhathu (sef eu gwneud yn debyg i bawb arall yn y gymdeithas).

Roedd y blynyddoedd rhwng y ddau ryfel byd yn rhai anodd yn economaidd. Roedd y Dirwasgiad Mawr wedi taro'r Iddewon yn galed, fel y tarodd y mwyafrif o bobl Cymru. Yn groes i'r hyn y byddem yn ei ddisgwyl efallai, prif effaith y dirwasgaid ar y siopau gwystlo Iddewig oedd dinistrio'r fasnach. Yn raddol, dechreuodd yr Iddewon uniongred adael y cymoedd a symud i Gaerdydd.

Oes yna unrhyw dystiolaeth ar y ddwy dudalen hyn fod Gwyddelod, Sipsiwn ac Iddewon wedi eu derbyn, a heb eu derbyn, gan gymdeithas?

Yr Eidalwyr

Erbyn yr 1920au a'r 1930au, doedd dim un pentref na thref yn Ne Cymru bron heb gaffi Eidalaidd. Roedd caffis Eidalaidd ar gael hefyd yn rhai o drefi glan môr Cymru, fel Aberystwyth. Roedd yn rhaid i'r Eidalwyr fod yn ddynion busnes craff, yn arbennig mewn cyfnod o ddirwasgiad. Roedd rhai yn gwerthu sglodion yn ystod misoedd y gaeaf, tra oedd eraill yn manteisio ar boblogrwydd y sinemâu i werthu eu hufen iâ yno. Roedden nhw'n gweithio oriau hir yn y caffis, o 6 y bore hyd 11 yr hwyr. Roedd y caffis ar agor saith diwrnod yr wythnos trwy gydol y flwyddyn. Erbyn diwedd yr 1930au roedd yna dros 300 o gaffis Eidalaidd ar gael ar hyd a lled Cymru.

Caffi Luigi Conti yn Aberfan ar ddechrau'r 1930au

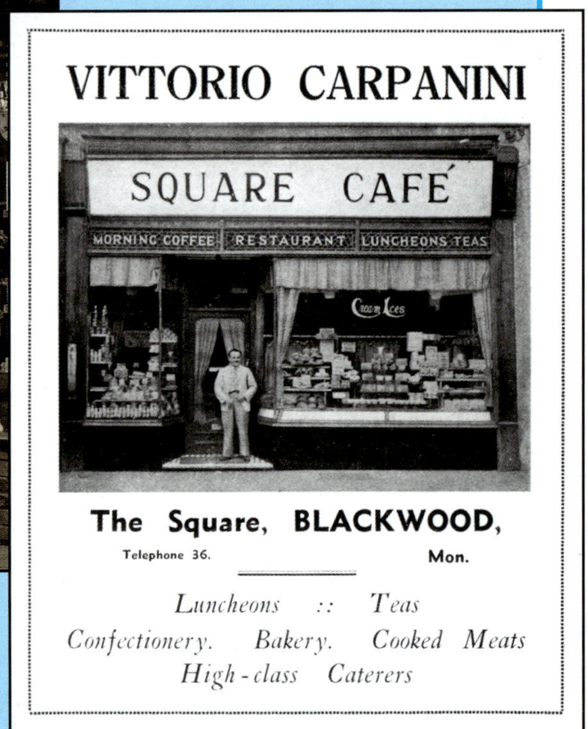

Hysbysebu Caffi Eidalaidd yn 1939

Gan fod yr Eidalwyr wedi eu gwasgaru ar draws y De, roedden nhw wedi ymdoddi'n rhan o'r gymdeithas. Yn naturiol, roedden nhw'n awyddus i gadw eu hunaniaeth, ac mewn rhai trefi fel Pontypridd roedd ysgol Eidalaidd yn cael ei chynnal ddwywaith yr wythnos er mwyn cadw'r iaith yn fyw ymhlith y mewnfudwyr. Ond cododd problemau yn ystod yr Ail Ryfel Byd gan fod Cymru yn ymladd ar ochr y Cynghreiriad, a'r Eidal yn ymladd ar ochr Hitler a'r Almaen Natsïaidd. Daeth pob Eidalwr yn darged posibl wrth i bapurau fel y *Daily Mirror* ddatgan:

> **We are nicely honeycombed with little cells of potential betrayal.**

Mewn rhai lleoedd, ymosodwyd ar gaffis a siopau Eidalaidd, ond eithriadau oedd y rhain. Ceisiodd rhai eu hamddiffyn eu hunain, fel mae'r hysbyseb isod yn ei ddangos:

MRS A VICCARI
of the Cosy Corner Café
86 DUNRAVEN STREET TONYPANDY
wishes to inform the public
that she is a
BRITISH SUBJECT
and has a brother now serving
in the British Army and also a
brother now serving in the British Navy.

Cafodd dynion Eidalaidd eu hebrwng i wersylloedd dan orchymyn y llywodraeth. Ar y llaw arall, roedd mwyafrif llethol y boblogaeth yn cydymdeimlo â'u cymdogion Eidalaidd. Pan aethpwyd ag Ernesto Melardi o Donypandy i'r carchar rhyfel, roedd yn rhaid i'w wraig edrych ar ôl eu caffi. Doedd hi ddim yn gallu siarad Cymraeg a dim ond ychydig iawn o Saesneg oedd ganddi. Roedd yn fam i ferch pum mlwydd oed ac roedd yn disgwyl plentyn arall. Cafodd lawer o gymorth gan ei chymdogion, Mr a Mrs Rogers, a John Davies, helpwr yn y siop. Yn y diwedd, gwrandawodd y llywodraeth ar brotest gan berchenogion siopau eraill yn Nhonypandy a rhyddhawyd Ernesto. Wedi dychwelyd i Donypandy, un o'r pethau roedd Ernesto yn eu gwneud, yn ogystal â chadw'r caffi, oedd cadw llygaid ar agor am danau. Roedd felly yn cynorthwyo yn ymdrech ryfel y Cynghreiriaid!

Yn ystod y rhyfel, bu math newydd ar ymfudo o'r Eidal pan gafodd llawer o filwyr yr Eidal eu dal gan fyddinoedd y Cynghreiriaid. Anfonwyd nifer i wersylloedd carcharorion rhyfel yng Nghymru. Roedd y gwersylloedd i'w cael mewn sawl ardal, yn cynnwys Ceredigion ac Ynys Môn. Wedi'r rhyfel, penderfynodd nifer o'r Eidalwyr aros yng Nghymru.

Edrychwch ar y dyfyniad o'r *Daily Mirror* eto. Wrth ddarllen hanes yr Eidalwyr yng Nghymru, fyddech chi'n derbyn bod y papurau newydd yn dylanwadu ar agweddau pobl?

Y Dociau

Fel y gwelson ni yn y bennod gyntaf, roedd llawer o genhedloedd gwahanol i'w cael ym mhorthladdoedd mawr Cymru. Roedd rhai yn uchel eu parch, fel y llongwyr o Norwy. Doedden nhw ddim yn cael trafferth ymsefydlu ymhlith y bobl leol. Ond doedd bywyd ddim mor hawdd i fewnfudwyr eraill, er eu cyfraniad pwysig i economi a chymdeithas Cymru. Doedd bywyd nifer o fewnfudwyr Caerdydd ddim wedi gwella ar ôl terfysgoedd 1919. Yn 1929, cafwyd arolwg o fusnesau yng Nghaerdydd ac roedd dros 80% ohonyn nhw'n gwrthwynebu cyflogi pobl dywyll eu croen. Hefyd, roedd nifer o dai bwyta, gwestai a neuaddau dawns yn gwrthod mynediad i bobl dywyll eu croen. Fodd bynnag, roedd Butetown yn ardal lle roedd cymysgedd o bobl o amryw genhedloedd yn cyd-fyw. Amcangyfrifir bod cymaint â 50 o genhedloedd gwahanol yn byw yno erbyn yr 1940au.

Roald Dahl, nofelydd plant o Gaerdydd a mab i fewnfudwr o Norwy

Eglwys Norwyaidd Abertawe yn ei safle gwreiddiol

Victor Parker, gitarydd jazz poblogaidd yng Nghaerdydd yn y 30au a'r 40au, a barhaodd i chwarae tan yr 80au. Roedd o dras Affro-Caribïaidd.

Said Ismail Ali Shuqule. Yn wreiddiol o Somalia, ymsefydlodd yng Nghymru, a bu'n ymladd dros y Cynghreiriaid yn yr Ail Ryfel Byd.

Terfysgoedd

Yn 1930, cafodd Ewrop ei tharo'n galed gan y Dirwasgiad Mawr, a bu terfysgoedd yng Nghymru. Roedd llongwyr croenwyn yn credu bod perchenogion llongau yn rhoi ffafriaeth i Arabiaid a Somalïaid wrth ddewis criw. Roedd yr Arabiaid a'r Somalïaid hwythau'n flin am fod Undeb y Morwyr wedi dod i gytundeb â pherchenogion y cwmnïau llongau i gyfyngu ar eu defnydd o Arabiaid a Somalïaid. Tua diwedd mis Gorffennaf, bu gwrthdaro ffyrnig yn Abertawe ac, erbyn mis Awst, yng Nghaerdydd. Roedd arfau fel cyllyll a phastynau yn cael eu defnyddio a bu'n rhaid galw'r heddlu i gadw trefn.

Canlyniad terfysgoedd 1919 ac 1930 oedd bod lleiafrifoedd ethnig yn tueddu i aros yn eu cymunedau eu hunain heb gymysgu â gweddill y boblogaeth. Roedd hyn yn cynnig elfen o ddioglewch iddyn nhw. Roedd hefyd yn fanteisiol iddyn nhw ymsefydlu mewn ardal lle roedd teulu a ffrindiau yn byw.

Yr Yemeniaid

Un o'r cymunedau i ffynnu yn ystod y cyfnod hwn oedd cymuned yr Yemeniaid. Roedd porthladd Aden, yn ngogledd Affrica, yn ganolfan llwytho glo bwysig i longau ager. Glo Cymru oedd yn cael ei ddefnyddio yno. Dyma sut y bu i bobl yr Yemen droi at y môr am eu bywoliaeth ac ymsefydlu mewn porthladdoedd fel Caerdydd. Yn union fel llawer o'r Cymry, dynion o gefn gwlad a aeth i chwilio am waith ar y môr oedd llongwyr yr Yemen. Fel arfer, roedden nhw'n gweithio fel tanwyr yn ystafell yr injan. Roedden nhw'n gweithio oriau hir mewn lle cyfyng, poeth a budr/brwnt.

Mosg cyntaf Prydain yn Peel Street, Caerdydd. Mae'r mosg presennol ar yr un safle, er nad ydy Peel Street yn bodoli mwyach.

Daeth llawer o ddynion o'r Yemen i Gymru. Wedi cyrraedd porthladdoedd fel Caerdydd, Abertawe neu Gasnewydd, roedden nhw'n aros mewn tai llety tra'n aros am eu llong nesaf. Priododd rhai Yemeniaid â merched lleol ac aros yng Nghymru. Daeth Caerdydd yn ail gartref i nifer ohonyn nhw. Wrth iddyn nhw ymsefydlu yn eu cymunedau newydd, fe ddaethon nhw â'u traddodiadau eu hunain gyda nhw. Sefydlwyd mosg Arabaidd cyntaf Prydain yng Nghaerdydd yn 1944. Yng Nghaerdydd hefyd y sefydlwyd papur newydd Arabaidd cyntaf Prydain, sef *Al-Salam*.

Chwaraeon

Gan fod Butetown wedi datblygu ei chymuned unigryw ei hun, dechreuodd chwaraeon ddod yn rhan bwysig o fywyd y bobl, yn arbennig pêl-droed a chriced. Does dim llawer o dystiolaeth eu bod yn chwarae yn erbyn timau o ardaloedd eraill yr adeg yma. Erbyn yr 1930au roedd yna dîm pêl-droed lleol o'r enw y Cardiff All Blacks ar gael, a oedd yn chwarae mewn gêmau elusennol. Cafodd un aelod o'r tîm dreial gyda Chlwb Pêl-droed Dinas Caerdydd. Yn 1931, chwaraeodd Eddie Parris, pêl-droediwr croenddu a anwyd yng Nghas-gwent, mewn gêm bêl-droed ryngwladol dros Gymru yn erbyn Iwerddon. Ar y llaw arall, credai llawer o bobl mai hiliaeth oedd y rheswm pam na chafodd James Ernest, llongwr croenddu o St. Lucia, chwarae criced dros Forgannwg, na Roy Francis rygbi dros Gymru.

James Ernest a'i fab Harry

O'r dystiolaeth ar y ddwy dudalen hyn, rhestrwch y problemau roedd mewnfudwyr yng Nghymru yn eu hwynebu yn eu bywydau bob dydd.

Ffoaduriaid

Pan ddigwyddodd Cwymp Wall Street yn Efrog Newydd yn 1929, arweiniodd hyn at y Dirwasgiad Mawr. Cafodd y dirwasgiad effaith fyd-eang, ac arweiniodd at dwf ffasgaeth mewn sawl gwlad yn Ewrop, ac at ryfeloedd, yn cynnwys yr Ail Ryfel Byd.

Y Basgiaid

Rhwng 1936 ac 1939 cafwyd rhyfel cartref yn y wladwriaeth Sbaenaidd. Franco a'i filwyr Ffasgaidd oedd ar y naill ochr, a'r Gweriniaethwyr ar yr ochr arall. Roedd Cymry yn ymladd ar ochr y Gweriniaethwyr, gyda rhai ohonyn nhw o dras Sbaenaidd. Bu eraill, fel y Capten 'Potato' Jones, yn helpu 800 o bobl i ddianc o'r ymladd ar ei long, y Marie Llewellyn. Bu J. Williams Hughes, oedd yn gweithio i'r Groes Goch yn Sbaen, yn rhoi adroddiadau ar y radio yn Gymraeg o Madrid ynglŷn â beth oedd yn digwydd yn y rhyfel.

Un o ddigwyddiadau mwyaf erchyll y rhyfel cartref oedd yr ymosodiad ar dref Gernika yng Ngwlad y Basg. Bomiodd awyrennau'r Almaen y dref heb unrhyw rybudd, gan ladd dynion, merched a phlant. Roedd y Cymry yn fwy na pharod i helpu'r Basgiaid a oedd, fel y Cymry, yn un o hen genhedleodd Ewrop. Agorwyd Tŷ Cambria yng Nghaerllion i dderbyn ffoaduriaid, ac agorwyd cartrefi eraill mewn sawl rhan o Gymru, yn cynnwys Abertawe, Hen Golwyn a Brechfa. Rhoddodd yr Arglwydd Davies, Llandinam, y meistr glo, arian mawr tuag at Gronfa Cymru i Blant y Basgiaid. Cafodd y plant help hefyd gan yr hen gymunedau Sbaenaidd yn Aber-craf a Dowlais ym Merthyr.

Roedd plant y Basgiaid yn cyfrannu at fywyd yng Nghymru. Roedd ganddyn nhw eu cylchgrawn eu hunain a gâi ei werthu i'r Cymry. Roedd ganddyn nhw hefyd dîm pêl-droed llwyddiannus iawn – y Basque Boys' Wonder Team. Roedd y cymunedau lleol yn mynd â'r plant ar deithiau. Roedden nhw hefyd yn cael mynediad i'r sinema am ddim. Er i'r mwyafrif ohonyn nhw fynd yn ôl i Wlad y Basg erbyn 1941, arhosodd rhai yng Nghymru.

Yr Iddewon

Roedd yr Iddewon yn cael eu herlid yn yr Almaen gan y Natsïaid, a ffodd rhai i Gymru. Roedd ffasgwyr Prydain hefyd yn erlid yr Iddewon. Er bod yna ambell i ffasgwr yng Nghymru, doedd dim cefnogaeth iddyn nhw. Cyfaddefodd Oswald Mosley, arweinydd ffasgwyr Prydain, fod Cymru yn un o'r ardaloedd gwaethaf ar gyfer ei fudiad. Er hynny, cafwyd awgrym gan un glöwr yn Ne Cymru y dylid ymosod ar siopau Iddewig lleol. Gwrthodwyd yr awgrym, a dywedodd Arthur Horner, arweinydd y glowyr, y byddai'n ymddiswyddo pe bai hynny'n digwydd.

Cafodd y mewnfudo Iddewig o Ewrop effaith gadarnhaol ar economi Cymru, gyda mwyafrif y busnesau ar stad ddiwydiannol Trefforest yn nwylo Iddewon erbyn 1939.

Y Saeson

Yn ystod yr Ail Ryfel Byd, ymfudodd nifer o faciwîs o ddinasoedd mawrion Lloegr i gefn gwlad Cymru ac i gymoedd y De. Fe gawson nhw groeso cynnes. Mewn sawl rhan o'r Gymru Gymraeg, dysgodd rhai o'r Saeson yr iaith ac aros yno am weddill eu bywyd. Ar y llaw arall, cafwyd achosion o wrthdaro rhwng y faciwîs a'r bobl leol hefyd. Er enghraifft, yn Sir Caerfyrddin roedd tensiynau cryf yn bodoli rhwng faciwîs o East End Llundain a ffermwyr y sir.

Mewn rhai ardaloedd yn y Gogledd, roedd yna anghytundeb rhwng Catholigion o Lerpwl a chapelwyr cefn gwlad Cymru.

Faciwîs yn cyrraedd gorsaf y Drenewydd yn 1939

Freddie Grant, faciwî o Lerpwl, ym Mhen Llŷn adeg yr Ail Ryfel Byd

... ac eraill

Wrth gwrs, roedd yna bobl eraill wedi ffoi o Ewrop yn ystod y rhyfel ac wedi ymsefydlu yng Nghymru. Roedd y rhain yn cynnwys y Tsieciaid yng Ngogledd Cymru, y Pwyliaid yn Sir Benfro ac ardal Wrecsam, a'r Iseldirwyr yng Nghaergybi. Roedd yna ffoaduriaid o'r Almaen, Awstria a Tsiecoslofacia yn gweithio ym maes coedwigaeth yn y Gogledd, ac fe gawson nhw eu croesawu'n lleol. Trefnodd rhai ohonyn nhw ddawnsfeydd rhyngwladol, ac roedd ganddyn nhw gôr rhyngwladol yn perfformio yn Llangollen.

C? A yw'r enghreifftiau uchod yn dangos newid mewn agwedd tuag at fewnfudwyr?

Cymharu a gwrthgyferbynu

Rhestrwch y mewnfudwyr a symudodd i Gymru yn ystod y cyfnod 1918-1945. Nodwch sut roedd eu profiadau yn debyg i'w gilydd a sut roedden nhw'n wahanol, er enghraifft:

- Beth oedd rhesymau'r gwahanol fewnfudwyr dros symud i Gymru?
- A oedd yr holl fewnfudwyr yn cael eu croesawu yng Nghymru?

Geirfa

dirwasgiad economaidd – *economic depression*, cyfnod o galedi a diweithdra
disodli – *to displace*, cymryd lle rhywun neu rywbeth arall
hunaniaeth – *identity*, yr hyn sy'n gwneud rhywun yr hyn ydyw ac yn ei wahaniaethu oddi wrth eraill
rabïaid – *rabbis*, arweinwyr crefyddol yr Iddewon
siopau gwystlo – *pawnbroker shops*, siopau sy'n rhoi benthyg arian ar log yn gyfnewid am ofalu am eiddo
trais – *violence*, niweidio pobl yn gorfforol
uniongred – *orthodox*, gair i ddisgrifio rhywun neu rywbeth sy'n derbyn neu'n cynrychioli'r gred swyddogol sy'n cael ei chaniatáu a'i chymeradwyo

Pennod 3 1945-1990

Trosolwg

Roedd y blynyddoedd yn dilyn yr Ail Ryfel Byd (1939–1945) yn rhai anodd iawn yn economaidd. Yn ystod y blynyddoedd hyn, roedd atgofion am Gymru dlawd yr 1930au yn golygu nad oedd rheswm dros symud i Gymru ar raddfa fawr.

Erbyn yr 1960au, roedd safonau byw Cymru yn gwella. Roedd mwy o bobl yn gallu fforddio prynu car a mynd ar wyliau haf ac roedd hyn yn golygu bod y boblogaeth yn llawer mwy symudol. Roedd hyn yn sicr yn cael effaith ar Gymru.

Ond erbyn yr 1980au, roedd cau'r pyllau glo, ymhlith ffactorau eraill, yn golygu bod yr hen ddiwydiannau yn crebachu. Ar y llaw arall, roedd llawer mwy o ddiwydiannau newydd yn symud i Gymru. Roedd y datblygiadau hyn i gyd yn golygu bod sawl math o fewnfudwyr yn ymsefydlu yng Nghymru yn ystod y blynyddoedd 1945–90.

Y Saeson

Doedd twristiaeth ddim yn beth hollol newydd i Gymru. Er enghraifft, roedd pobl o ogledd-orllewin Lloegr wedi bod yn treulio'u gwyliau ar lannau Gogledd Cymru ers ail hanner y bedwaredd ganrif ar bymtheg. Wedi'r Ail Ryfel Byd, cafwyd datblygiadau newydd fel agor gwersyll gwyliau Butlins ym Mhwllheli yn 1947. Roedd hyn yn denu mwy o dwristiaid ac, yn sgil hynny, symudodd nifer o drigolion trefi Lloegr i fyw i Gymru. Erbyn 1951, roedd 20% o boblogaeth Sir Feirionnydd yn 1951 wedi eu geni yn Lloegr. Ac eto, hon oedd un o siroedd mwyaf gwledig ac anghysbell Cymru, ac roedd yr iaith Gymraeg yn gref iawn yno. Yn wahanol iawn i fewnfudwyr Seisnig i'r trefi a'r dinasoedd ym mlynyddoedd cynnar y ganrif, tueddai'r rhai a symudodd i gefn gwlad fod yn llawer mwy ynysig oddi wrth y gymdeithas leol.

Cafwyd mewnlifiad enfawr i gefn gwlad ac arfordir Cymru yn ystod yr 1960au a'r 1970au. Er enghraifft, gweddnewidiwyd Ynys Môn yn yr 1960au pan sefydlwyd gwaith diwydiannol yng Nghaergybi a gorsaf niwclear yn yr Wylfa, a phan ddatblygwyd pentrefi glan môr yn ganolfannau gwyliau. Cynyddodd poblogaeth yr ynys yn sylweddol wrth i fewnfudwyr, y mwyafrif ohonyn nhw o Loegr, symud yno i gael gwaith neu i ymddeol neu i brynu tai haf.

Erbyn yr 1970au, roedd y ffaith fod yna gymaint o fewnfudo i gefn gwlad Cymru yn codi materion dadleuol. Un rheswm oedd yr effaith ar yr iaith Gymraeg. Cyn yr Ail Ryfel Byd, roedd yr ychydig oedd yn ymsefydlu yng nghefn gwlad Cymru yn tueddu i ddysgu Cymraeg a byw eu bywyd trwy gyfrwng y Gymraeg. Ond erbyn hyn roedd y don o fewnfudo yn golygu bod iaith y cymunedau yn newid. Problem arall oedd bod y rhai oedd yn ymddeol o Loegr yn gallu prynu tai lleol am brisiau oedd y tu hwnt i gyrraedd llawer o bobl leol. Yn ychwanegol, roedd rhai meysydd yn hybu mewnlifiad – er enghraifft, daeth y rhan fwyaf o staff academaidd prifysgolion fel Bangor ac Aberystwyth o Loegr. Hefyd, roedd nifer cynyddol y tai haf yng Nghymru yn achosi problemau mawr mewn sawl ardal ac yn bygwth yr iaith Gymraeg. Un arwydd o rwystredigaeth y bobl oedd yr ymgyrch llosgi tai haf gan Feibion Glyndŵr.

Golygai hyn i gyd nad oedd perthynas esmwyth rhwng y mewnfudwyr a'r brodorion bob tro.

'Mae hanes Cymru yn ystod yr ugeinfed ganrif felly yn cael ei ddynodi gan lefel uchel iawn o fewnfudo o Loegr, lefel sy'n uwch o lawer na'r hyn a brofodd yr Alban.' (R. Merfyn Jones yn *Cymru 2000: Hanes Cymru yn yr Ugeinfed Ganrif*).

Pam oedd cymaint o fewnfudo i Gymru o Loegr? Oedd hyn yn fanteisiol i Gymru?

Yr hen a'r newydd yn gymysg

Y Gwyddelod

Roedd y Gwyddelod yn grŵp o fewnfudwyr oedd wedi hen ymsefydlu yng Nghymru. Ond hyd yn oed yn yr 1950au, roedd rhai yn dal i feddwl amdanyn nhw eu hunain fel Gwyddelod yn hytrach na Chymry. Fodd bynnag, erbyn hyn roedd disgynyddion y Gwyddelod wedi dod yn fwyfwy rhan o'r gymdeithas ehangach. Un rheswm posibl dros hyn oedd bod llawer llai o fewnfudo o Iwerddon wedi digwydd yn ystod y blynyddoedd 1945-90.

Dennis O'Neill, canwr opera byd-enwog o dras Gwyddelig, sy'n rhugl yn y Gymraeg

Yr Eidalwyr

Roedd yr 1950au yn flynyddoedd da i'r caffis Eidalaidd. Bu'r diwydiant glo yn llewyrchus tan ganol yr 1950au a'r diwydiant dur tan yr 1960au, ac felly roedd digon o arian gan bobl i'w wario yn y caffis!

Ond roedd llai o bobl yn mynd i'r caffis yn ystod yr 1960au. Roedd sawl rheswm dros hyn. Roedd economi De Cymru yn dirywio a chafwyd nifer o newidiadau cymdeithasol. Roedd mwy o bobl yn gallu fforddio car ac roedd teledu i'w gael mewn mwy o gartrefi. Hefyd, roedd amrywiaeth o adloniant ar gael mewn clybiau yfed a neuaddau bingo. Ond ni ddiflannodd y caffis yn llwyr. Wrth i gludiant wella daeth yn haws i Eidalwyr Cymru fynd i'r Eidal ar wyliau. Er enghraifft, ers 1982 yn Bardi yn yr Eidal, mae 'Gŵyl yr Allfudwyr' yn cael ei chynnal i groesawu'r Eidalwyr sy'n mynd 'gartref' i'r Eidal ar eu gwyliau.

Ton newydd o Eidalwyr ... ac eraill

Wedi'r Ail Ryfel Byd, roedd angen gweithwyr mewn nifer o ddiwydiannau. Daeth gweithwyr i Gymru o Wlad Pwyl, Ukrain, Iwerddon a'r Eidal. Nid arhosodd y Pwyliaid a'r Gwyddelod yn hir yn y diwydiant tunplat, felly yn yr 1950au recriwtiwyd 2,250 o Eidalwyr o Napoli, Milano a Genoa. Doedd dim croeso iddyn nhw ym mhobman. Yn ardal Llanelli, er enghraifft, roedden nhw'n aros mewn hosteli gyda gweithwyr eraill ac roedd hyn yn arwain at wrthdaro ar brydiau o achos hil ac iaith. Gan fod y diwydiant tunplat wedi crebachu erbyn canol yr 1950au, aeth rhai yn ôl i'r Eidal. Arhosodd eraill i weithio yn y caffis neu mewn gwaith arall.

Toni Schiavone, ymgyrchydd dros yr iaith Gymraeg, o dras Eidalaidd

Stefan Terlezki (1927-2006), AS Ceidwadol a Chadeirydd Clwb Pêl-droed Dinas Caerdydd, yn wreiddiol o Ukrain

Y Sipsiwn a theithwyr

Er bod Sipsiwn wedi bod yn rhan bwysig o hanes Cymru am ganrifoedd, roedd rhagfarn fawr yn parhau yn eu herbyn. Roedd hyn er gwaethaf y ffaith fod rhai teuluoedd yn adnabyddus yng Nghymru, fel y teulu Wood.

Erbyn yr 1970au a'r 1980au, roedd mathau newydd o deithwyr hefyd yn ychwanegu at y rhagfarn tuag at y Sipsiwn a thuag at bob math o deithwyr. Roedd llawer o dinceriaid a 'phobl yr oes newydd' yn wynebu problemau pan oedden nhw'n ceisio ymsefydlu mewn rhannau gwahanol o Gymru. Y duedd oedd i bobl leol wrthwynebu, a chafwyd gwrthdaro ffyrnig ar brydiau. Dyma ddigwyddodd pan geisiodd cynghorau lleol sefydlu gwersylloedd swyddogol ar eu cyfer yn Abertawe a Wrecsam.

Teulu o Sipsiwn ger y Bala, 1948

Gwersyll Sipsiwn yn yr 1970au. Roedd y gwersyll wedi'i greu ar y safle lle bu Gwyddelod tlawd Caerdydd yn byw ar un adeg, sef 'Little Ireland'.

Math newydd ar fewnfudwr i Gymru yn ystod y cyfnod yma oedd yr hipi. Roedd hipis yn chwilio am ardaloedd gwledig diarffordd lle gallen nhw ddilyn eu ffordd eu hunain o fyw. Un o'r ardaloedd mwyaf enwog oedd Dyffryn y Tîpis yng Ngorllewin Cymru. Ond cafwyd gwrthdaro yno hefyd ar adegau.

Hipis ger pentref Pont-rhyd-y-groes, Ceredigion yn 1976

Yr Iddewon

Er bod Iddewon wedi bod yn rhan sefydlog o sawl cymuned yng Nghymru, erbyn yr 1950au a'r 1960au roedd llawer o'r rhai ifanc wedi dechrau gadael i chwilio am waith. Yn wahanol i hanes cymunedau Iddewig y gorffennol, doedd dim mewnfudwyr Iddewig yn dod yn eu lle. Yn 1951, dechreuwyd cyhoeddi'r cylchgrawn *CAJEX* i geisio sicrhau cyswllt rhwng Iddewon De Cymru a'i gilydd.

Ar y cyfan, llwyddodd Iddewon Cymru i osgoi'r gwrthdaro a'r ymosodiadau hiliol oedd yn digwydd mewn lleoedd eraill yn Ewrop. Y prif reswm am hyn oedd eu bod yn rhan o'r gymdeithas ehangach. Yn 1987, er enghraifft, penododd Caerdydd ei maer Iddewig cyntaf. Er bod yna rai ymosodiadau hiliol wedi digwydd yn ystod y cyfnod, er enghraifft ar feddau Iddewig ym Mryn-mawr ar ddechrau'r 1970au, eithriadau prin oedden nhw.

Leo Abse, Aelod Seneddol Llafur o dras Iddewig, 1970au

Dannie Abse, meddyg a bardd o dras Iddewig, a brawd Leo Abse

Paentiad gan Josef Herman o'r enw Miner Bathing. *Iddew a ddihangodd o Wlad Pwyl rhag y Natsïaid oedd Josef Herman, ond cafodd ei deulu i gyd eu lladd yn y gwersylloedd crynhoi. Daeth i fyw i Ystradgynlais a threuliodd ei fywyd yn gwneud paentiadau o'r glowyr yn yr ardal.*

Sut oedd profiadau'r Eidalwyr, y Sipsiwn, yr Iddewon a'r Gwyddelod wedi newid, neu heb newid, rhwng 1900 ac 1990?

I Tiger Bay a thu hwnt

Y dociau amlddiwylliannol

Mae'r lluniau hyn yn dangos ardal amlddiwylliannol dociau Caerdydd yn y 70au. Byddai llawer o'r adeiladau yn cael eu dymchwel yn ddiweddarach, gan chwalu cymunedau cyfan.

Roedd y rhagfarn yn erbyn pobl groenddu, Arabiaid a Somalïaid yn nociau Caerdydd, Abertawe a Chasnewydd yn dal i fodoli ar ôl 1945. Ym Maes Glo De Cymru yn 1948, cafwyd trafodaeth ynglŷn â chyflogi pobl dduon dan ddaear. Roedd yna ddadleuon o blaid ac yn erbyn.

Yn Tiger Bay, roedd yna Norwyaid, Japaneaid, Chineaid, Somalïaid, Bengaliaid, Affro-Caribïaid, Yemeniaid a llawer o genhedloedd eraill, yn cynnwys Cymry, yn cyd-fyw. Byddai plant Tiger Bay yn gweld diwylliannau eraill o'u cwmpas bob dydd. Bydden nhw'n gweld gwyliau crefyddol gwahanol yn cael eu dathlu ar y strydoedd. Roedd Tiger Bay yn fyd hollol wahanol i weddill Caerdydd, ac roedd hefyd yn llawer mwy amlddiwylliannol o'i gymharu â gweddill Cymru. Pan fyddai pobl Tiger Bay yn symud i rannau eraill o Gaerdydd, roedden nhw'n disgwyl agweddau hiliol yn eu herbyn. Cafwyd un arwydd bychan o newid mewn agweddau yn 1955 pan brotestiodd myfyrwyr Prifysgol Caerdydd am fod perchenogion yn gwrthod gadael i bobl groenddu gael llety yn y ddinas.

Gan fod economi Cymru yn wynebu cymaint o broblemau wedi'r Ail Ryfel Byd, ychydig o bobl a symudodd i Tiger Bay i fyw. Doedd dim llawer o groeso iddyn nhw chwaith gan fod y gymuned yn sefydlog ac wedi ennill ei lle ym mywyd y ddinas. Roedd y bobl yn ofni y byddai mewnlifiad newydd yn peryglu'r cydbwysedd o fewn y gymuned. Doedd bywyd ddim yn hawdd i drigolion Tiger Bay. Roedd tai gwael a diffyg gwaith yn broblemau difrifol.

Cymru amlddiwylliannol?

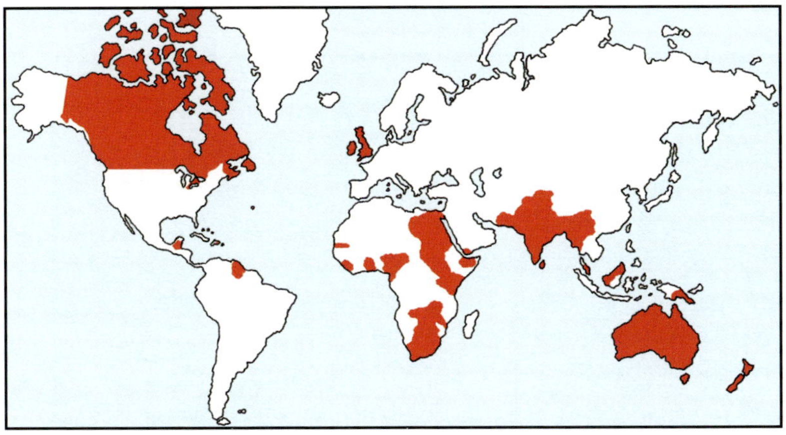

Yr Ymerodraeth Brydeinig

Yn ystod y blynyddoedd wedi'r Ail Ryfel Byd, wrth i Ymerodraeth Prydain ddechrau datgymalu, ceisiodd y llywodraeth recriwtio pobl o wledydd yr ymerodraeth oherwydd prinder gweithwyr mewn sawl diwydiant a phroffesiwn. Felly, daeth llawer o bobl o wahanol rannau o'r byd i Gymru i chwilio am waith. Affro-Caribïaid, Indiaid, Pacistaniaid a Bangladeshiaid oedd y bobl hyn yn bennaf. Erbyn yr 1960au, roedd nifer o bobl o'r Gymanlwad (hen diroedd Ymerodraeth Prydain) yn byw yng Nghymru. Erbyn yr 1980au, roedd dros 11,000 o bobl a oedd wedi eu geni yn y Gymanlwad yn byw yng Nghymru. Nid i Tiger Bay yn unig oedden nhw wedi symud ond hefyd i rannau eraill o Gaerdydd a Chymru. O ganlyniad, roedd yna sawl cymuned fechan o genhedloedd gwahanol wedi ymgartrefu yng Nghaerdydd. Roedd ganddyn nhw fan addoli ar gyfer eu crefydd, lle gallen nhw siarad eu hiaith eu hunain a dilyn eu bywyd cymdeithasol traddodiadol eu hunain, ochr yn ochr â bywyd modern y ddinas. Un enghraifft o'r mewnfudwyr hyn oedd Sikhiaid Bhuttra. Dim ond 300 ohonyn nhw oedd yn y ddinas ond roedden nhw wedi ffurfio cymuned glòs, gan siarad eu hiaith eu hunain.

Betty Campbell MBE. Roedd ei thad yn fewnfudwr o Jamaica yn 1921 ac fe'i lladdwyd ar y môr yn ystod yr Ail Ryfel Byd. Betty Campbell oedd y person du cyntaf i gael ei phenodi'n bennaeth ysgol yng Nghymru. Mae hi bellach yn gynghorydd yn Butetown.

Nid i Gaerdydd yn unig y daeth y mewnfudwyr newydd. Roedd nifer yn ymgartrefu ar hyd a lled Cymru. Roedd rhai yn dechrau eu busnesau eu hunain, fel siopau a thai bwyta. Roedd eraill yn gweithio ym maes iechyd fel meddygon a nyrsus. Roedd nifer yn gweithio oriau hir iawn am dâl gwael iawn er mwyn sicrhau bywyd newydd i'w teuluoedd yn eu gwlad newydd.

Roedd rhagfarn a hiliaeth yn broblemau mawr i'r mewnfudwyr hyn. Problem arall oedd diffyg dealltwriaeth o'u hanghenion. Er enghraifft, roedd yna gwynion nad oedd ysgolion Cymru yn cynnig addysg amlddiwylliannol. Hefyd, doedd gan Gymru ddim gweithwyr cymdeithasol a oedd yn gallu siarad ieithoedd Asia. Roedd hyn yn rhywbeth angenrheidiol wrth weithio mewn cymunedau Asiaidd.

Y Chineaid

Er bod y Chineaid fel arfer yn cael eu cysylltu â golchdai a thai bwyta, roedden nhw hefyd yn gweithio mewn meysydd fel y gwasanaeth iechyd. Prif fantais tai bwyta a golchdai fel gweithleoedd oedd bod y Chineaid yn gallu gweithio gyda'u teuluoedd. Roedd hyn yn ffordd o gadw eu hiaith a'u traddodiadau yn fyw hefyd. Yn wahanol i nifer o fewnfudwyr eraill, roedd y Chineaid yng Nghymru wedi eu gwasgaru ar draws y wlad. Roedden nhw'n rhoi pwyslais mawr ar addysg a safon byw gwell er mwyn sicrhau mynediad i broffesiynau fel y gyfraith a meddygaeth.

C? Ydy llyfrau hanes fel hwn yn gymorth o gwbl i helpu pobl o grwpiau ethnig gwahanol i ddeall mwy am hanes ei gilydd?

Ffoaduriaid a cheiswyr lloches

Pwyliaid wedi'r rhyfel ...

Un grŵp o fewnfudwyr a oedd yn amlwg iawn yng Nghymru wedi'r Ail Ryfel Byd oedd y Pwyliaid. Roedd nifer wedi dianc rhag Hitler yn ystod y rhyfel. Wedi'r rhyfel, roedd Gwlad Pwyl yn gomiwnyddol ac yn dlawd a daeth mwy i Gymru. Roedd ar y diwydiant glo angen mwy o weithwyr a daeth 1,700 o Bwyliaid yr un i siroedd Morgannwg a Fflint. Roedd teimladau cryf yn eu herbyn am gyfnod gan fod nifer yn credu mai gweithwyr lleol ddylai gael y gwaith gyntaf. Ond, yn raddol, fe'u derbyniwyd i'r gymdeithas ehangach. Roedd llawer o'r rhai a aeth i weithio ar ffermydd wedi dysgu'r Gymraeg yn fuan. Yn 1950, aeth 800 o Bwyliaid a'u teuluoedd ar orymdaith trwy Gaerdydd i fynegi eu hunaniaeth yng Nghymru.

... ac eraill yn y byd modern

Erbyn yr 1980au, un o broblemau mwyaf y byd oedd ffoaduriaid. Oherwydd digwyddiadau fel rhyfeloedd, newyn a thlodi mawr mewn sawl rhan o'r byd, roedd yna lawer mwy o ffoaduriaid. Rhwng 1980 ac 1983, cynyddodd nifer y ffoaduriaid ledled y byd o 5.7 miliwn i 10.9 miliwn.

Ateb gwledydd cyfoethog y Gorllewin oedd derbyn cwota o hyn a hyn o ffoaduriaid o wledydd eraill pan oedd argyfwng mewn gwahanol rannau o'r byd. Roedd hyn yn golygu bod y llywodraeth yn Llundain, er enghraifft, yn gallu rheoli faint o ffoaduriaid y gellid eu derbyn. Roedd hyn yn gwneud iddyn nhw ymddangos yn 'ddyngarol.' Felly, er enghraifft, daeth 5,000 o ffoaduriaid o Chile i'r DU yn 1975 a 12,000 o bobl o Viet Nam rhwng 1979 ac 1984.

Roedd llywodraeth Llundain hefyd yn awyddus i ddosbarthu'r ffoaduriaid i bob rhan o Brydain. Felly, er enghraifft, roedd 602 o Fietnamiaid yn byw yng Nghymru yn 1981. Ond mae'n well gan bobl fyw yn ymyl cymdogion o gefndir tebyg i'w hunain, ac felly roedd y nifer wedi gostwng i 282 erbyn 1991 wrth i lawer symud i ddinasoedd Lloegr.

Y Somalïaid

Gallai ffoaduriaid hefyd atgyfnerthu cymunedau a oedd eisoes yn bodoli yng Nghymru. Roedd nifer fawr o ddynion o Somalia wedi bod yn rhan o fywyd Caerdydd ers diwedd y bedwaredd ganrif ar bymtheg, fel llongwyr yn wreiddiol. Eu nod oedd ennill cyflog i gynnal eu teuluoedd gartref yn Somalia. Daeth mwy i Gymru yn yr 1950au i chwilio am waith. Erbyn yr 1960au, roedd gwragedd a phlant y dynion wedi symud atyn nhw ac ymsefydlu yn y ddinas, ac erbyn diwedd yr 1960au roedd yna gymuned Somalïaidd yng Nghaerdydd. Erbyn yr 1980au, roedd y sefyllfa wleidyddol yn Somalia yn peryglu bywydau nifer fawr o drigolion y wlad. Gan fod yna gymunedau Somalïaidd yng Nghaerdydd a Chasnewydd yn barod, symudodd llawer yno er mwyn cael cefnogaeth pobl o'r un cefndir. Arwydd o ddatblygaid y gymuned Somalïaidd oedd sefydlu'r Somali Progressive Association yn 1988 i ymateb i anghenion y gymuned Somalïaidd.

Dihareb Somalïaidd:

CAERDYDD, FY NGHARTREF

Ond beth am y ffoaduriaid hynny ddaeth i Gymru heb gymuned barod ar eu cyfer?
Mae Dr Vaughan Robinson, Athro mewn Daearyddiaeth Ddynol ym Mhrifysgol Abertawe, wedi cyf-weld nifer ohonyn nhw a dyma hanes un:

Roedd Juan yn un o 5,000 o bobl a ddaeth i Brydain i ddianc rhag rheolaeth y Cadfridog Pinochet, unben Chile. Roedd wedi bod yn y carchar yn Chile, ond gan fod ar Pinochet eisiau perthynas dda gyda gweddill y byd, cytunodd i ryddhau carcharorion. Credai Juan mai dros dro yn unig y byddai'n aros ym Mhrydain.

Roedd wedi clywed am Gymru gan fod aelodau o undebau llafur ym Mhontypridd wedi bod yn ysgrifennu ato tra oedd yn y carchar yn Chile. Roedd yr enwau Cymraeg yn ymddangos yn od iawn iddo. Credai eu bod yn rhyw fath o god cyfrinachol. Roedd llawer o geidwaid y carchar yn credu'r un peth! Wedi cyrraedd Prydain, cafodd ei anfon i Gymru, i dref lle roedd llawer o bobl eraill o Chile wedi eu hanfon hefyd. Roedden nhw'n siarad Sbaeneg ac yn cynhyrchu taflenni am Chile. Wrth i bethau newid yn Chile, aeth nifer adref, gan gynnwys Juan. Ond sylweddolodd ei fod yn hoffi byw yng Nghymru, felly dychwelodd.

Oedd ffoaduriaid a cheiswyr lloches y cyfnod 1945-1990 yn wahanol neu'n debyg i'r canlynol?:

1. Belgiaid yn cyrraedd Cymru adeg y Rhyfel Mawr (1914-1918)
2. Llongwyr o Somalia yn ymsefydlu yng Nghaerdydd 1900-1945
3. Eidalwyr yn sefydlu busnesau yng Nghymru 1900-1945
4. Basgiaid yn ffoi oddi wrth luoedd Franco 1936-1939
5. Faciwîs o drefi a dinasoedd Lloegr adeg yr Ail Ryfel Byd (1939-1945)
6. Hipis yn chwilio am ffordd wahanol o fyw o'r 1960au ymlaen

Diwylliant a chwaraeon

Yn ystod y degawdau wedi'r Ail Ryfel Byd cafwyd datblygiadau pwysig ym meysydd chwaraeon a diwylliant, a daeth sawl aelod o gymunedau ethnig i sylw Cymru gyfan. Ond araf iawn oedd y datblygiad ac roedd llawer o ragfarnau yn parhau.

Sefydlwyd Clwb Athletau Rhyngwladol Caerdydd yn 1946 gan ail genhedlaeth o bobl Butetown. Roedd llawer ohonyn nhw wedi dod adref o'r rhyfel ac o'r lluoedd arfog. Rygbi oedden nhw'n ei chwarae'n bennaf. Roedd eu steil yn gyffrous, a chyn bo hir roedden nhw'n chwarae ar hyd a lled De Cymru a thros y môr. Ond doedd hiliaeth ddim ymhell o'r wyneb.

Ganwyd Billy Boston yn Tiger Bay i rieni o India'r Gorllewin ac Iwerddon, ac roedd yn chwaraewr criced a rygbi heb ei ail. Ond sylweddolodd yn fuan na fyddai byth yn cael chwarae i Forgannwg na Chymru. Felly trodd at Rygbi'r Gynghrair a chwarae i Wigan. Daeth yn arwr yno. Sgoriodd gyfanswm o 571 o geisiau mewn 564 o gêmau! Ac nid Billy Boston fyddai'r olaf i deithio i ogledd Lloegr i chwarae i Rygbi'r Gynghrair ...

Billy Boston, asgellwr Prydain, yn dianc gyda'r bêl yn ystod gêm Cwpan y Byd Rygbi'r Gynghrair rhwng Awstralia a Phrydain, Hydref 1960

Roedd y bociswr enwog Joe Erskine yn dod o Butetown. Roedd ei dad yn dod o India'r Gorllewin a'i fam o deulu gwyn yng Nghaerdydd. Roedd ei theulu yn cadw llety i longwyr. Enillodd deitl Pencampwr yr Ymerodraeth Brydeinig yn 1956.

Ond nid Butetown oedd yr unig le i gynhyrchu chwaraewyr o fri. Roedd Clive Sullivan, capten croenddu cyntaf rygbi, yn dod o'r Sblot yng Nghaerdydd. Roedd Hubert Best (ei fam yn Gymraes a'i dad yn dod o Jamaica) yn hannu o Aberdaugleddau, a chwaraeodd bêl-droed i Gaerdydd. A Clive Charles, a anwyd yn Bow, Llundain, oedd capten croenddu cyntaf Clwb Pêl-droed Dinas Caerdydd. Roedd yn gapten yn ystod 1973-74.

Erbyn yr 1970au a'r 1980au, roedd pethau'n dechrau gwella ym myd chwaraeon i nifer o aelodau o gymunedau ethnig, er nad oedden nhw'n berffaith o bell ffordd. Roedd hynny'n amlwg ym myd rygbi. Roedd Undeb Rygbi Cymru yn barod i ganiatáu i Gymru chwarae yn erbyn De Affrica yn 1970 er bod llywodraeth De Affrica yn dilyn polisi o apartheid. Ond er i daith De Affrica fynd rhagddi yn 1969-70, yn cynnwys gêm yn erbyn Cymru, cafwyd gwrthdystiadau a phrotestiadau gan bobl o bob cefndir drwy gydol y daith, gyda'r protestio mwyaf yn digwydd yn Abertawe.

Torrwyd tir newydd yn 1983 pan ddaeth Mark Brown i fod y chwaraewr croenddu cyntaf i chwarae dros Gymru. Yn enedigol o Gasnewydd, roedd yn chwarae i Bont-y-pŵl, a chwaraeodd chwe gwaith dros ei wlad rhwng 1983 ac 1986. O ganlyniad, daeth mwy o chwaraewyr croenddu i chwarae rygbi dros Gymru. Ond doedd hiliaeth ddim yn absennol. Yn 1987, bu helynt mewn gêm rhwng Caerdydd a Quinns Aberafan pan ddechreuodd Gerald Cordle, un o chwaraewyr Caerdydd, a chefnogwr ymladd am fod y cefnogwr wedi bod yn gweiddi pethau hiliol ar Cordle.

Yn ara deg, cafodd pobl o gefndiroedd gwahanol eu derbyn ym maes adloniant hefyd. Pan ddaeth Shirley Bassey i sylw'r byd fel cantores, roedd ei llwyddiant yn ennyn cefnogaeth trwy Gymru oherwydd ei chefndir Cymreig yn Tiger Bay. Roedd dylanwad cerddoriaeth ethnig, fel *reggae*, hefyd yn amlwg erbyn yr 1970au.

Shirley Bassey

Un o grwpiau mwyaf arloesol Cymru yn yr 1970au oedd Geraint Jarman a'r Cynganeddwyr. Roedden nhw'n canu yn y Gymraeg ac yn defnyddio cerddoriaeth roc a *reggae*. Roedd y grŵp yn cynnwys Cymro Cymraeg, Cymry di-Gymraeg, Cymro Eidalaidd, Sais a Chymro Caribïaidd-Chineaidd.

Ond dydy'r enghreifftiau yma ddim yn golygu bod Cymru wedi creu cymdeithas amlddiwylliannol oedd yn cynnig chwarae teg i bob cymuned o fewnfudwyr yng Nghymru.

Aaron Ahmun, y Cymro Caribïaidd-Chineaidd oedd yn aelod o fand Geraint Jarman a'r Cynganeddwyr

Oedd llwyddiant unigolion ymysg y mewnfudwyr mewn chwaraeon a'r celfyddydau yn help i fewnfudwyr gael eu derbyn gan weddill y gymdeithas?

Newid a Pharhad

1. Rhestrwch y grwpiau o fewnfudwyr a symudodd i Gymru yn yr ugeinfed ganrif.
2. Sut mae profiadau'r grwpiau hynny wedi newid wrth i'r ganrif fynd yn ei blaen?
3. Sut mae profiadau'r grwpiau hynny heb newid yn ystod y ganrif?

Geirfa

apartheid – *apartheid*, polisi o wahanu pobl oherwydd eu hil
crebachu – *to shrink*, lleihau mewn maint
dyngarol – *humane*, gair i ddisgrifio rhywun neu rywbeth sy'n caru ei gyd-ddyn ac yn dangos hynny trwy wneud rhywbeth i'w helpu

Pennod 4 Yr 1990au

Trosolwg

Roedd agor Cynulliad Cenedlaethol Cymru yn 1999 yn dangos hunaniaeth Cymru yn eglur i'r byd. Roedd yn drobwynt pwysig yn hanes y wlad. Ond, doedd yr un aelod yn etholiad cyntaf y Cynulliad yn dod o gefndir ethnig lleiafrifol. Fodd bynnag, dangosodd y Cynulliad yn glir fod angen rhoi sylw i bobl o bob cefndir yng Nghymru a bod lle i bawb gyfrannu at y Gymru newydd. Roedd llwyddiant pobl o gefndiroedd ethnig gwahanol mewn nifer o feysydd yn dangos bod Cymru yn wlad amlddiwylliannol. Ond doedd hynny ddim yn golygu bod yna gymdeithas wedi'i chreu eto lle roedd pob grŵp ethnig yn cael ei barchu ac yn derbyn cyfiawnder cymdeithasol. Roedd tipyn o ffordd i fynd.

Mae mewnfudwyr wedi dylanwadu ar arferion bwyta yng Nghymru

'Daeth mewnfudwyr un cyfnod yn Gymry heddiw.'

Wrth i bobl Cymru ddod yn fwyfwy ymwybodol fod pobl o bob cefndir ethnig yn perthyn i Gymru, maen nhw wedi ailedrych ar beth sy'n gwneud Cymro neu Gymraes. Mae Cymru yn gymysgedd o bobl o ddiwylliannau, hilion, crefyddau ac ieithoedd gwahanol, ac mae cymdeithas yn prysur ddatblygu a newid. Felly, er enghraifft, gallai un genhedlaeth o bobl sydd wedi mewnfudo i Gymru deimlo eu bod yn perthyn i'w mamwlad – Lloegr, Bangladesh, yr Eidal, Somalia. Ond gallai'r plant, sydd wedi eu geni ac/neu wedi tyfu i fyny yng Nghymru, deimlo eu bod yn perthyn i ddwy genedl, Cymru a mamwlad eu rhieni.

Mae'r newid a fu yng nghymoedd y De yn adlewyrchu hyn. Ar ddechrau'r ugeinfed ganrif cafwyd mewnlifiad enfawr i'r cymoedd am fod eu diwydiannau yn denu pobl o sawl rhan o'r byd. Erbyn diwedd y ganrif, roedd gan yr ardaloedd hynny y canran uchaf o bobl a anwyd yng Nghymru. Barn yr hanesydd Merfyn Jones yw: 'Daeth mewnfudwyr un cyfnod yn Gymry heddiw.'

Pobl o gefndiroedd ethnig amrywiol yn cymdeithasu a mwynhau yng Ngharnifal MAS Caerdydd, 1999. Mae hwn yn garnifal blynyddol.

1. Beth ydy ystyr geiriau Merfyn Jones?
2. Ydych chi'n cytuno ag ef?
3. Os ydy Merfyn Jones yn iawn, oedd Cymru erbyn diwedd yr ugeinfed ganrif yn Gymru amlddiwylliannol go iawn?
4. Oedd agweddau wedi newid erbyn diwedd y ganrif?

Y Saeson

Y grŵp ethnig mwyaf o ran niferoedd ac o ran dylanwad i symud i Gymru ydy'r Saeson. Roedd hyn wedi parhau yn yr 1990au oherwydd y mewnlifiad i gefn gwlad ac i'r arfordir. I nifer o bobl, arfordir Gogledd Cymru oedd y 'Costa Geriatrica' am fod cymaint o bobl o ogledd-orllewin Lloegr wedi ymddeol yno. Roedden nhw'n cael eu denu gan y golygfeydd a'r ffaith nad oedden nhw'n bell oddi wrth eu teuluoedd yng ngogledd-orllewin Lloegr. Hefyd, roedd nifer fawr o bobl o'r un cefndir wedi symud yno i fyw yn barod. Rheswm arall oedd fod prisiau tai yn Lloegr, ar gyfartaledd, yn uwch na rhai Cymru, a gellid gwerthu tŷ yn Lloegr a phrynu tŷ cystal yn rhatach yng Nghymru.

Janet Ryder, AC Plaid Cymru – Saesnes a symudodd i Gymru o Sunderland yn 1990

Ond doedd pawb ddim wedi ymddeol. Roedd nifer yn symud i Ogledd Cymru i fyw, er enghraifft i'r dwyrain, ond yna'n teithio bob dydd i'w gwaith dros y ffin yn Lloegr. Roedd eraill wedi symud i Gymru i ddechrau bywyd newydd gyda'u teuluoedd er mwyn dianc o fywyd dinesig yn Lloegr.

Oedd rhesymau'r Saeson dros symud i Gymru yn yr 1990au yn debyg i resymau grwpiau ethnig eraill a ddaeth i Gymru yn ystod y ganrif?

Yr hen economi a'r economi newydd – hen fewnfudwyr a mewnfudwyr newydd

Roedd economi Cymru yn newid yn ystod degawdau olaf y ganrif. Diflannodd diwydiannau traddodiadol Cymru, fel glo a dur, bron yn llwyr. Denwyd busnesau newydd i Gymru, yn arbennig busnesau technolegol newydd.

Gweithwraig iechyd mewn ysbyty. Mae pobl o gefndiroedd ethnig gwahanol yn bwysig i wasanaethau iechyd Cymru.

Agorwyd nifer o ffatrïoedd newydd yng Nghymru, yn y De a'r gogledd-ddwyrain er enghraifft. Cafodd nifer ohonyn nhw eu sefydlu gan gwmnïau o Japan, De Korea, yr Unol Daleithiau a chyfandir Ewrop. Y tueddiad oedd i'r cwmnïau anfon eu rheolwyr eu hunain i'r ffatrïoedd a chyflogi pobl leol i weithio ynddyn nhw. Hefyd, roedd rhai meysydd gwaith allweddol yn parhau i ddenu gweithwyr o'r tu allan i Gymru. Er enghraifft, roedd staff nifer o ysbytai yng Nghymru yn dod o bob rhan o'r byd, ac roedd y prifysgolion yn denu myfyrwyr a staff yn yr un modd.

Y Japaneaid

Er bod eu niferoedd yn fychan, daeth un grŵp ethnig pwysig newydd i Gymru ar ddiwedd y ganrif. Yn yr 1990au, roedd mwy o Japaneaid yn byw yng Nghymru nag yn unrhyw le arall yn Ewrop. Roedd hyn am fod y rheolwyr Japaneaidd yn tueddu i ddod â'u teuluoedd gyda nhw. Dyna pam, er enghraifft, y daeth Ymerawdwr Japan i Gaerdydd yn 1998, yr unig ddinas arall ym Mhrydain iddo ymweld â hi heblaw am Lundain.

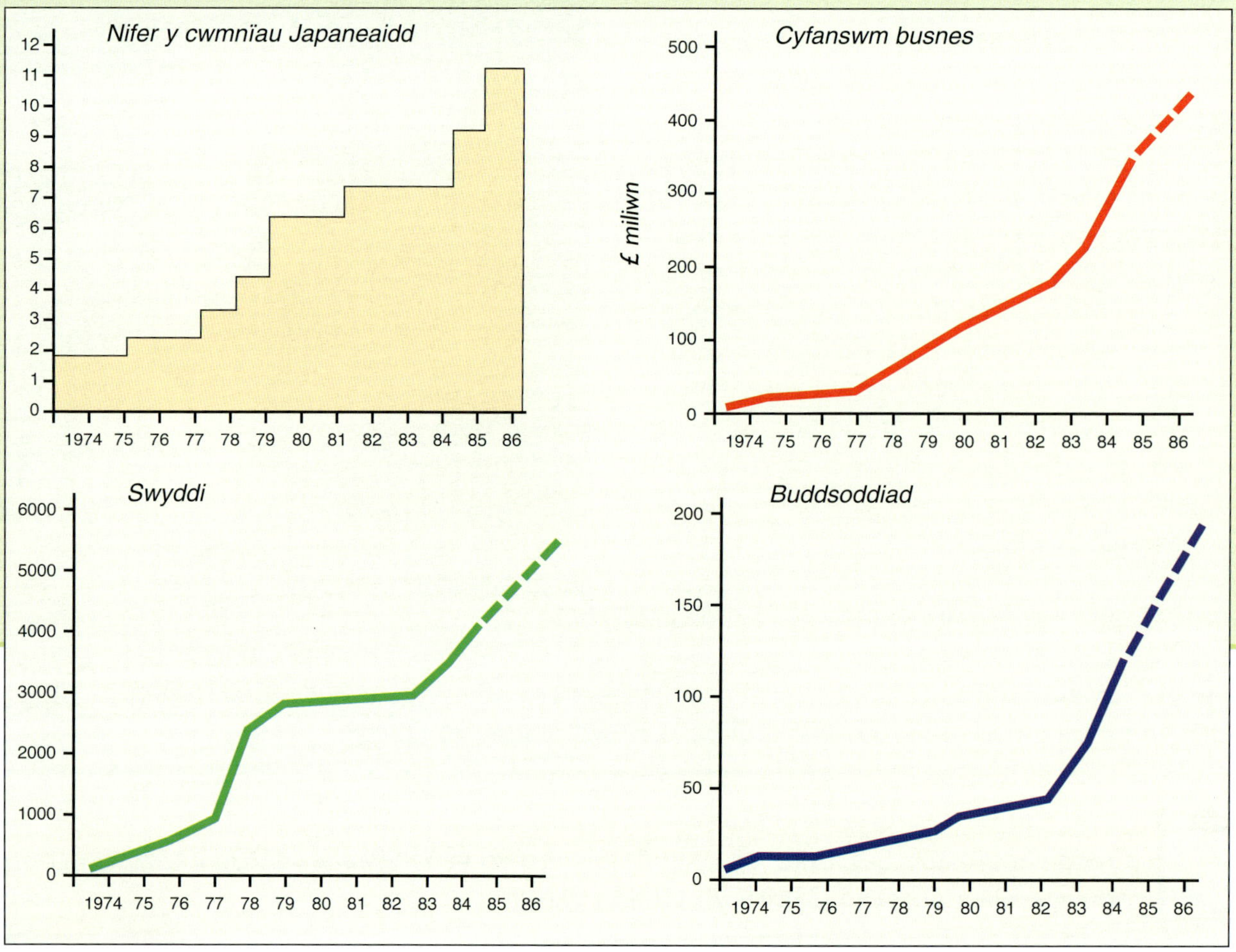

Cwmnïau o Japan yng Nghymru 1974-1986

Yr Eidalwyr

Erbyn yr 1990au roedd llai a llai o gaffis Eidalaidd yng Nghymru. Doedd hynny ddim yn golygu bod Cymru wedi colli ei Heidalwyr – roedd nifer yn parhau i fyw yng Nghymru ac yn berchen tai haf yn yr Eidal. Ond roedden nhw'n gorfod wynebu un broblem. Weithiau roedd y Cymry'n eu galw'n Eidalwyr, ond pan oedden nhw yn yr Eidal roedd yr Eidalwyr yn eu galw'n Gymry neu Saeson. Er hynny, roedden nhw'n teimlo'n gyfoethog o fod yn perthyn i ddau ddiwylliant. Roedd ganddyn nhw deimladau cryf dros y ddau. Dyma ddywedodd un wraig o'r enw Iolanda Rossi, sy'n byw yng Nglynebwy:

"When I leave Bardi I cry; when I leave Ebbw Vale I cry".

Mae'r hanesydd Colin Hughes, sydd wedi astudio hanes yr Eidalwyr yn Ne Cymru, yn credu bod yr Eidalwyr wedi cael eu derbyn fel rhan o fywyd y De. Y prif reswm am hyn oedd eu bod wedi sefydlu busnesau oedd ddim yn bygwth gwaith traddodiadol y gymuned. Hefyd, roedd y caffis yn golygu bod pobl leol yn treulio llawer o amser ynddyn nhw ac yn dod i adnabod y perchenogion yn dda. I nifer o bobl, roedd yr Eidalwyr yn weithwyr da, caredig a gonest. Roedden nhw hefyd wedi eu gwasgaru ar draws De Cymru, yng nghanol y Cymry. Ac roedd sefydlu'r caffis yn cyd-fynd â chyfnod o lewyrch yn y De.

Mae'r ffotograff yma yn un syml dros ben ond hefyd yn ddogfen bwysig. Mae'n dangos hysbyseb ar ffenestr Caffi Massari (sef caffi teulu o Eidalwyr) yn Cross Keys yn 1986.

Robert Sidoli, Gleision Caerdydd. Chwaraewr rygbi rhynglwladol o dras Eidalaidd.

Carlo Rizzi, Eidalwr sydd wedi dysgu Cymraeg. Bu'n Gyfarwyddwr Cerddorol Opera Genedlaethol Cymru rhwng 1992 a 2001.

1. Ydych chi'n credu bod dadansoddiad Colin Hughes o brofiadau'r Eidalwyr yng Nghymru yn ystod yr ugeinfed ganrif yn gywir?
2. Oedd profiadau'r Eidalwyr yn debyg i neu'n wahanol i grwpiau eraill a ddaeth i Gymru?

Cymru amlddiwylliannol?

Yn ol Cyfrifiad 1991, roedd grwpiau ethnig lleifarifol Cymru wedi eu rhannu fel hyn:

Du (Prydeinig):	7,660
Indiaid	6,384
Pacistaniaid	5,717
Chineaid	4,801
Bangladeshiaid	3,820
Asiaid – eraill	3,677
Du – eraill	3,473
Du – Caribïaidd	3,348

Mae'r ystadegau'n dangos bod Cymru yn wlad amlddiwylliannol, hyd yn oed os nad oedd niferoedd y grwpiau ethnig yn uchel iawn. Os rhown y ffigurau uchod at ei gilydd, yna dim ond 1.5% o gyfanswm poblogaeth Cymru oedd eu niferoedd. Dydy'r ystadegau'n dweud dim wrthym am eu safonau byw o'u cymharu â gweddill poblogaeth Cymru. Dydyn nhw chwaith yn dweud dim am yr agweddau tuag atyn nhw.

Dangosodd ymchwil fod llawer o waith i'w wneud i sicrhau cydraddoldeb i leiafrifoedd ethnig yng Nghymru. Ar y cyfan roedden nhw'n byw mewn tai gwael ac yn llai tebygol o gael swyddi da. Un canlyniad i sefydlu Cynulliad Cenedlaethol Cymru oedd bod angen i'r Cynulliad ystyried anghenion holl bobloedd Cymru. Ond fyddai hynny ddim yn digwydd dros nos. Byddai'n rhaid i bobl ddibynnu ar eu cymunedau eu hunain am gynhaliaeth yn y cyfamser.

Y Somalïaid

Fel y gwelson ni'n barod, roedd y gymuned Somalïaidd yng Nghymru yn un oedd wedi hen ymsefydlu ac roedd yn dal i dyfu. Erbyn 1994 roedd tua 4,000 o Somalïaid yn byw yng Nghaerdydd, gyda mwy na'u hanner newydd gyrraedd fel ffoaduriaid. Roedd eu cymuned yn un gref am fod y mwyafrif yn dod o'r un rhan o Somalia. Yn ein hoes fodern, mae'n llawer haws i gymunedau fel y Somalïaid gadw mewn cysylltiad â'u cymunedau gwreiddiol gartref. Yn yr un ffordd, mae Cymry Cymraeg sy'n byw ym mhob rhan o'r byd yn gallu gwrando ar Radio Cymru a darllen newyddion am Gymru a'r byd trwy wefan y BBC, *Cymru'r Byd*.

Roedd y Somalïaid oedd newydd gyrraedd Cymru yn wynebu problemau difrifol. Roedden nhw wedi dianc rhag rhyfel cartref ac felly roedden nhw'n ffoaduriaid. Ond roedd llywodraeth Llundain yn awyddus i leihau nifer y ceisiwyr lloches. Roedd hyn yn golygu ei bod yn anodd i'w gwragedd a'u plant gael mynediad i'r wlad. Roedd y Somalïaid yn awyddus i'w helpu eu hunain ond roedd problem yr iaith yn golygu ei bod yn anodd iddyn nhw gael y cymorth i sefydlu eu busnesau eu hunain.

Y Chineaid

Roedd achos y Chineaid yn wahanol gan eu bod wedi eu gwasgaru ledled Cymru. Gadawodd nifer Hong Kong yn 1996 oherwydd eu bod yn ofni China gomiwnyddol. Aethon nhw i sawl rhan o'r byd. Yng Nghymru, roedd y gymuned yn awyddus i ddiogelu ei hunaniaeth o fewn y gymdeithas fwy. Er enghraifft, roedd Chineaid Gogledd Cymru yn dathlu'r flwyddyn newydd Chineaidd gyda chinio blynyddol. Roedd y cinio yn cynnwys canu traddodiadol, Dawns y Llew a Dawns y Ddraig. Roedd pwysigion lleol oedd heb fod o dras Chineaidd yn cael eu gwahodd i'r dathliadau hefyd. Mewn sawl cymuned yng Nghymru, bu'r Chineaid yn sicrhau bod eu plant yn cael eu magu'n dairieithog – roedden nhw'n gallu siarad Tsieinëeg, Saesneg a Chymraeg.

Crefyddau

Erbyn diwedd yr ugeinfed ganrif, bu gostyniad mawr yn nifer y bobl oedd yn mynd i wasanaethau Protestannaidd (eglwysi a chapeli), Pabyddol ac Iddewig. Ond roedd llawer mwy o amrywiaeth i'w gael o fewn y ffydd Gristnogol. Roedd yna hefyd lawer mwy o amrywiaeth i'w gael y tu allan i Gristnogaeth, er enghraifft Bahaiaeth, Bwdhaeth, Hare Krishna, Hindŵaeth, Sikhiaeth ac, yn arbennig, Islamiaeth (Moslemiaeth). Roedden nhw i'w cael, i wahanol raddau, ym mhob rhan o Gymru.

Erbyn diwedd yr 1990au roedd Islamiaeth, yn arbennig, yn tyfu yng Nghymru. Roedd cymunedau Mwslimaidd i'w cael yng Nghaerdydd, Abertawe, Casnewydd, Pen-y-bont ar Ogwr a Rhondda Cynon Taf. Erbyn 1997 roedd Cymdeithas y Mwslimiaid Proffesiynol wedi'i sefydlu yng Nghymru. Y tueddiad mewn ardaloedd trefol oedd i'r Mwslimiaid fyw mewn un ardal lle gallen nhw weithio, masnachu ac addoli. Un fantais fawr o wneud hynny oedd eu bod yn gallu osgoi gwrthdaro hiliol neu grefyddol. Ond doedd hynny ddim yn golygu eu bod nhw wedi llwyddo pob tro.

C?

Mae gwlad amlddiwylliannol yn golygu bod pobl o hilion, ieithoedd, crefyddau a diwylliannau gwahanol yn cyd-fyw ochr yn ochr â'i gilydd. O'r dystiolaeth ar y ddwy dudalen hyn ac o weddill y bennod, ydych chi'n meddwl bod Cymru yn wlad amlddiwylliannol erbyn diwedd yr ugeinfed ganrif?

Ffoaduriaid a cheiswyr lloches

Astudiwch y map isod yn ofalus.
Beth mae'r map yn ei ddatgelu am geiswyr lloches yng Nghymru yn 2004?

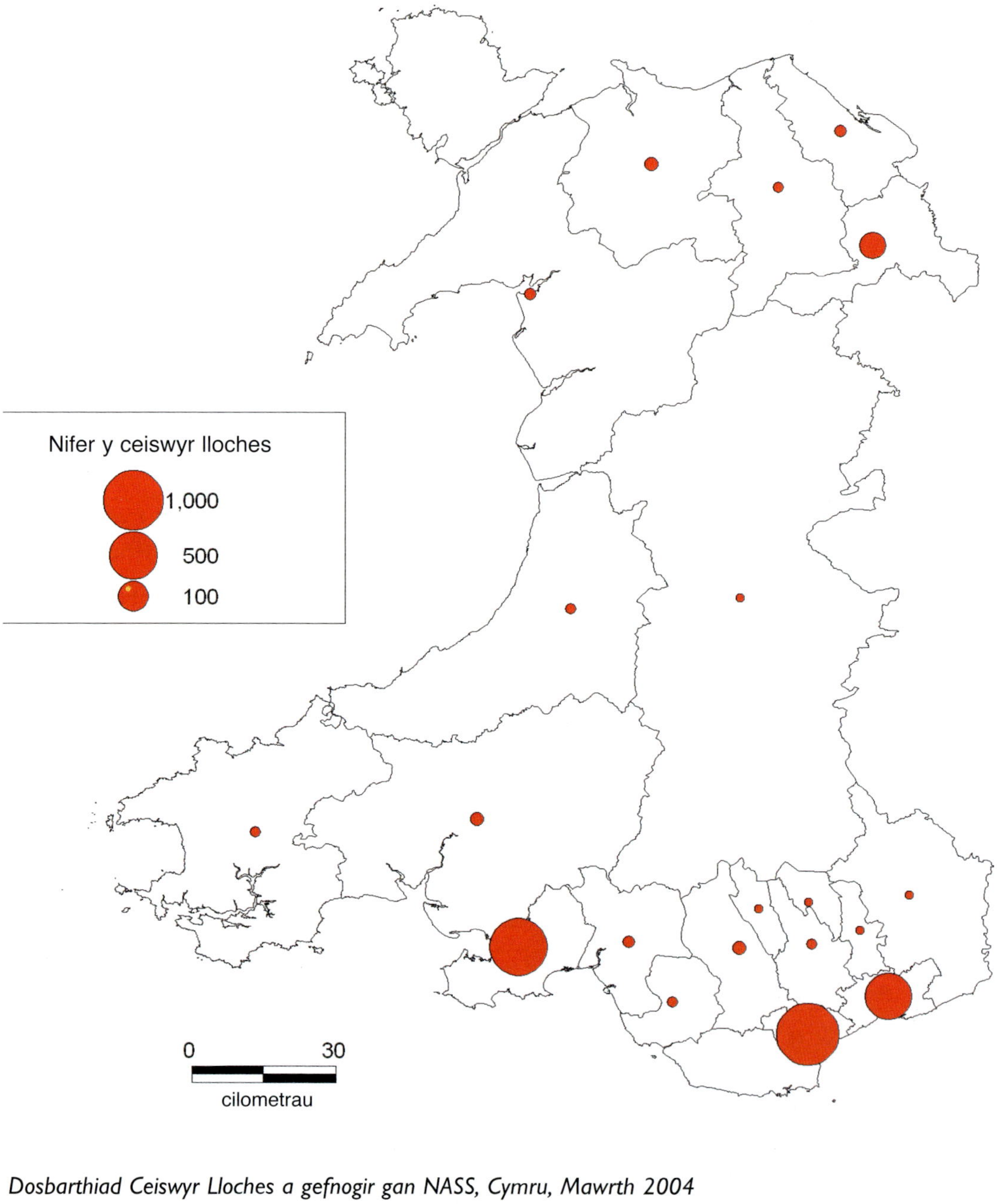

Dosbarthiad Ceiswyr Lloches a gefnogir gan NASS, Cymru, Mawrth 2004

Fel y gwelson ni ym Mhennod 3, roedd llawer mwy o ffoaduriaid a chesiwyr lloches i'w cael yn y byd o'r 1970au ymlaen. Er bod Prydain wedi cytuno i dderbyn nifer o geisiwyr lloches rhwng 1945-1991, ychydig ohonyn nhw oedd yn cyrraedd y DU oherwydd y system cwota. Erbyn yr 1990au doedd y system cwota ddim yn gweithio. Yn hytrach na disgwyl am y cwota, roedd y ffoaduriaid yn ffoi i wlad arall, gan hawlio lloches wedi cyrraedd yno. O ganlyniad, roedd nifer y rhai oedd yn galw am loches yn cynyddu. Daeth dros 80,000 i Brydain yn y flwyddyn 2000 (ond doedd hyn yn ddim o'i gymharu â gwlad fel Iran – aeth 1.9 miliwn o ffoaduriaid yno yn 1999).

Beth oedd agweddau pobl Prydain tuag at geiswyr lloches? Roedd llawer o bapurau newydd yn honni bod gormod ohonyn nhw. Roedden nhw'n dweud eu bod nhw'n dod yma er mwyn manteisio ar wasanaethau fel y gwasanaeth iechyd. Roedd arolygon barn yn dangos bod mwyafrif pobl Prydain yn cytuno â hyn. Ond doedd papurau newydd Cymru ddim mor negyddol. Roedd gwleidyddion Cymru hefyd yn dangos agwedd fwy gadarnhaol tuag atyn nhw. Ond er hyn, doedd y papurau newydd na gwleidyddion ddim yn gwneud llawer i addysgu'r cyhoedd ynglŷn â pham roedd y ceisiwyr lloches wedi gorfod gadael eu gwlad. Doedden nhw chwaith ddim bob amser yn dangos y ceiswyr lloches fel unigolion.

Dyma hanes Maria o Iran:

Roedd Maria'n perthyn i genedl y Cwrdiaid yn Iran. Roedd ei thad yn aelod o Blaid Ddemocrataidd y Cwrdiaid. Roedd wedi derbyn rhybudd gan gyfaill bod y llywodraeth am ei arestio. Llwyddodd Maria a'i rhieni i ffoi. Aethon nhw i Dwrci. Roedd arnyn nhw ofn gofyn am gymorth swyddogol i ddod i Brydain (lle roedd ganddyn nhw deulu). Roedden nhw'n ofni y byddai llywodraeth Iran yn dod i wybod ble roedden nhw ac yn eu rhwystro, neu hyd yn oed eu lladd. Yn y diwedd, llwyddodd asiant i'w cael nhw i Brydain yn anghyfreithlon am £5,000 yr un. Wedi cyrraedd Prydain, diflannodd yr asiant gyda'u papurau.

Gwnaeth y teulu gais am loches. Symudon nhw at frawd Maria oedd yn byw yng Nghymru. Doedden nhw ddim wedi sylweddoli bod Cymru yn wlad wahanol, gyda'i hiaith a'i diwylliant ei hun. Roedden nhw'n teimlo bod Cymru yn llawer mwy croesawgar na Llundain. Ond roedd Maria'n flin gyda'r system fewnfudo a oedd eisiau prawf eu bod yn cael eu herlid.

Roedd Maria yn dod o deulu cefnog yn Iran. Roedd hi wedi ennill gradd prifysgol. Yng Nghymru, gweithiodd mewn siop *pizzas* hyd nes iddi gael gwaith yn y gwasanaeth iechyd. Mae hi'n falch o gael bod yng Nghymru ac yn hoffi'r ffaith ei bod yn cael mynegi ei barn. Ond rhaid cofio, fel y dywed Maria:

'Rydyn ni yma er mwyn achub ein bywydau wyddoch chi. Dim oherwydd bod gennym ddiddordeb mewn gwlad arall. Rydyn ni'n caru ein gwlad … Rydyn ni'n caru Cwrdistan.'

C? Rhestrwch wledydd gwreiddiol y ffoaduriaid/cesiwyr lloches. Defnyddiwch y rhyngrwyd ac/neu lyfrau hanes i weld beth oedd yn digwydd yn y gwledydd hynny yn yr 1980au a'r 1990au. Yn eich barn chi, pam oedd y bobl hyn wedi gadael eu cartrefi gwreiddiol?

Cymru hiliol?

Roedd Cyfrifiad 1991 yn dangos bod 1.5% o boblogaeth Cymru yn perthyn i leiafrifoedd ethnig.

Yn 1994 roedd 28% o ddynion duon o dras Garibïaidd yn ddi-waith.
Yn 1994 roedd 35% o ddynion duon eraill yn ddi-waith.
Yn 1994 roedd 11% o ddynion gwynion yn ddi-waith.
Yn 1994 cafwyd hyd at 500 o ymosodiadau hiliol yn Ne Cymru.

Beth mae'r ystadegau hyn yn ei ddweud wrthym am y Gymru amlddiwylliannol?

Erbyn yr 1990au, roedd pobl Cymru yn fwy parod i drafod agweddau hiliol. Roedd yn amlwg fod cymdeithas Cymru yn amlddiwylliannol ond roedd elfen o hiliaeth yn bodoli o hyd.

Yn dilyn ffrae ynglŷn â gwerthu bara, ymosodwyd ar siop Asiaidd yn Nhrelái, Caerdydd yn 1991. Arweiniodd hyn at derfysgoedd ond mae'n ymddangos mai terfysgoedd gwrth-heddlu oedden nhw'n bennaf ac mai'r achos oedd tlodi. Doedd y rhain ddim fel terfysgoedd 1911 neu 1919.

Yn 1994, llofruddiwyd Mohan Singh Kullar yn Llangatwg ger Castell-nedd. Roedd yn cadw siop ac wedi mynd i weld beth oedd yn digwydd y tu allan i'w gartref lle roedd gang o ddynion ifanc meddw yn achosi helynt. Taflwyd bricsen ato a bu farw. Cafodd un o'r dynion ei ddedfrydu i oes o garchar.

Roedd digwyddiadau fel y rhain yn codi cwestiynau ynglŷn â natur hiliaeth yng Nghymru ac i ba raddau roedd Cymru yn hiliol.

Roedd grwpiau adain dde yn bodoli yng Nghymru hefyd, er enghraifft y BNP a Combat 18. Roedd rhai o'r grwpiau hyn yn gyfrifol am y trais hiliol yng Nghymru. Daeth Nick Griffin, arweinydd y BNP, i Gymru i fyw yn 1990. Roedd Alan Belshella, Americanwr oedd yn aelod o'r Ku Klux Klan, wedi symud i fyw ger Maesteg ar ddiwedd yr 1980au.

Ond enghreifftiau eithafol yn unig oedd y rhain. Ychydig iawn o gefnogaeth oedd yna i bleidiau eithafol mewn etholiadau. Er enghraifft, yn Etholiad Cyfffredinol 1979, dim ond 2,465 o bleidleisiau gafodd pleidiau eithafol y dde allan o 1,636,788 o bleidleisiau. Yr un oedd y patrwm erbyn yr 1990au – mewn etholiad yng Ngogledd Caerdydd yn 1992 cafodd ymgeisydd y BNP 121 o bleidleisiau, sef 0.3% o'r bleidlais.

Digwyddiadau hiliol a adroddwyd wrth yr heddlu

Ardal Heddlu	1988	1994-95	1995-96	1996-97	1997-98
Dyfed/Powys	0	3	23	18	17
Gwent	1	22	32	60	45
Gogledd Cymru	2	3	5	4	12
De Cymru	86	512	443	357	367

Mae'n anodd dod i gasgliadau o dabl fel hwn. Er enghraifft, rhaid cofio bod llawer mwy o bobl yn byw yn Ne Cymru nag yn Nyfed/Powys. Hefyd, mae'n fwy na phosibl fod pobl oedd yn dioddef hiliaeth o ddydd i ddydd heb adrodd am y digwyddiadau hynny wrth yr heddlu. Ond mae'r ffaith fod pobl o'r diwedd yn barod i adrodd yn dangos newid mewn agwedd. Does dim ffigurau tebyg i'w cael ar gyfer dechrau'r ganrif. Doedd yr awdurdodau ddim yn gweld y broblem bryd hynny.

Ceisiodd newyddiadurwr o'r enw Steve Evans grynhoi'r agweddau hiliol yng nghymoedd De Cymru trwy ddweud eu bod yn deillio o ardaloedd lle roedd diweithdra yn uchel iawn a lle roedd rhai Prydeinwyr Du neu Brydeinwyr Asiaidd wedi symud i fyw. Roedd y rhain yn cynnwys meddygon a pherchenogion tai bwyta, ac felly roedden nhw'n ymddangos yn gyfoethog o'u cymharu â phobl leol.

Dyma ddywedodd rhai pobl oedd yn honni eu bod yn hiliol:

> 'Mae pobl wyn ar y dôl ac mae pobl dduon ... yn berchen ar dai bwyta ac yn gweithio fel meddygon ac yn cymryd yr holl arian ddylai fod yn nwylo pobl wyn.'

Ar y llaw arall, mae'r hanesydd Neil Evans yn dweud nad oedd mwyafrif pobl y cymoedd yn hiliol. Roedd yn gas ganddyn nhw'r hiliaeth oedd yn cael ei ddangos gan ychydig iawn o bobl. Roedd rhai o'r bobl oedd wedi dioddef oddi wrth hiliaeth yn dweud bod llawer o bobl leol yn eu cefnogi. Roedd rhai pobl leol yn barod i sefyll yn erbyn hiliaeth. Yn y Porth, y Rhondda, roedd un bachgen gwyn ifanc yn barod i amddiffyn perchennog tai bwyta Asiaidd a oedd yn dioddef oddi wrth hiliaeth. Cafodd y bachgen ei drywanu a bu farw'n ddiweddarach.

C? Ydych chi'n meddwl mai tlodi yw prif achos hiliaeth?

Cymry cyfoes

Erbyn yr 1990au, roedd llawer mwy o bobl o gymunedau ethnig i'w gweld ar feysydd chwarae Cymru, ac roedd nifer yn cynrychioli Cymru mewn chwaraeon gwahanol. Roedd llawer i'w gweld hefyd mewn cylchoedd diwylliannol eraill.

Ali Yassine, actor a chyflwynydd sy'n gweithio yn y Gymraeg a'r Saesneg

Jason Mohammad, gohebydd a chyflwynydd i BBC Cymru Wales sy'n gweithio yn y Gymraeg a'r Saesneg

Bernice Reubens, nofelwraig o dras Iddewig

Trezza Azzopardi, nofelwraig o gymuned Melitaidd Caerdydd

Lembit Öpik, ganwyd yn Iwerddon, o dras Estonaidd ac yn AS dros Sir Drefaldwyn

Cafwyd cynnydd bychan, ond cyson, yn nifer y chwaraewyr rygbi o gefndiroedd ethnig oedd yn cynrychioli Cymru. Ymhlith y rhain oedd Glenn Webbe, Colin Charvis a Nigel Walker. Roedd Walker yn gymeriad diddorol gan iddo fod yn athletwr cyn troi at rygbi. Roedd hefyd yn cynrychioli newid mewn agweddau at bobl o gefndiroedd ethnig gwahanol gan iddo gael ei benodi'n bennaeth chwaraeon BBC Cymru Wales yn ddiweddarach.

Wrth i rygbi droi'n broffesiynol ac yn fwy rhyngwladol, daeth chwaraewyr o rannau gwahanol o'r byd i chwarae rygbi yng Nghymru. Doedd hyn ddim yn golygu bod hiliaeth wedi ei ddileu'n llwyr ar feysydd rygbi, ond yn sicr roedd cyfraniad chwaraewyr o bob cefndir ethnig yn fwy amlwg erbyn hyn.

Roedd chwaraewyr o gefndiroedd ethnig hefyd yn amlwg ym myd pêl-droed. Roedd Ryan Giggs yn fab i Danny Wilson, chwaraewr Rygbi'r Gynghrair, ac roedd yn falch iawn o'i gefndir Affricanaidd. Roedd Robbie Earnshaw o Zambia a Nathan Blake yn chwarae pêl-droed i Gaerdydd ac i Gymru. A gwelwyd chwaraewyr o gefndiroedd ethnig gwahanol yn Uwch-Gynghrair Cymru hefyd, er enghraifft Sammy Ayorinde a oedd yn chwarae i Ddinas Bangor ac i Nigeria.

Nathan Blake

Daeth cefndir i fod yn llai o broblem mewn chwaraeon eraill hefyd, fel y dangosodd llwyddiannau'r bocsiwr Steve Robinson a'r athletwr Colin Jackson. Roedd gan griced chwaraewyr o nifer o gefndiroedd gwahanol hefyd.

Roedd yna sawl rheswm dros y newid mewn agwedd. Roedd pobl o gefndiroedd ethnig gwahanol yn cael eu derbyn fwyfwy o fewn cymdeithas yn gyffredinol. Roedd chwaraeon yn denu pobl o bob rhan o'r byd i chwarae yng Nghymru, ac felly roedd pobl yn edrych allan i'r byd fwy nag yn y gorffennol. Erbyn yr 1990au, roedd pobl o gefndiroedd ethnig gwahanol i'w cael ar hyd a lled Cymru. Doedd dim un o'r rhai sy'n cael eu henwi ar y dudalen hon yn dod yn wreiddiol o Butetown. Roedd pethau wedi newid.

Joe Calzaghe, y pencampwr bocsio a anwyd yn Lloegr. Roedd ei fam yn dod o Gymru a'i dad o Sardinia.

A doedd cyfraniad pobl o gefndiroedd gwahanol ddim wedi'i gyfyngu i faes chwaraeon chwaith. Ym myd cerddoriaeth bop, roedd un arwydd o'r croesi ffiniau cerddorol ac ieithyddol i'w weld ar yr albwm *Stwff* gan Llwybr Llaethog. Roedd yr albwm yn cynnwys caneuon yn y Gymraeg, y Saesneg, Gaeleg yr Alban a Phwnjabeg. Un o'r grwpiau mwyaf poblogaidd i ganu yn y Saesneg ar label Cymraeg Sain oedd y grŵp *reggae* One Style o Loegr. Ym myd dawns, sefydlwyd Cwmni Dawns India Cymru (India Dance Wales) yn 1993 gan Kiran Ratna, dawnswraig broffesiynol yn arbenigo mewn *Bharata Natyam*. Ym myd y ffilimau, cafodd y ffilm *Solomon & Gaenor* ei henwebu am Oscar. Roedd y ffilm mewn tair iaith, sef Cymraeg, Saesneg ac Iddew-Almaeneg, a therfysgoedd 1911 oedd y cefndir iddi.

Stwff *gan Llwybr Llaethog*

Sirajul Islam gyda'r gyflwynwraig Nia Parry ar y rhaglen Nôl i Fangladesh. *Yn wreiddiol o Fangladesh, mae Sirajul Islam yn siarad Cymraeg ac wedi sefydlu nifer o dai bwyta yn Abertawe a Chaerdydd.*

Y grŵp One Style

Charlotte Williams, awdures y gyfrol Sugar and Slate, *lle mae'n rhannu ei phrofiad o fod â mam sy'n Gymraes a thad o Guyana, India'r Gorllewin*

Cwmni Dawns India Cymru (India Dance Wales)

Golygfa o Solomon & Gaenor

Dafydd Hughes, sy'n gweithio trwy gyfrwng y Gymraeg gyda phlant ag anableddau dysgu

Dr Jerry Hunter, ysgolhaig ac awdur o UDA sy'n gweithio yn y Gymraeg a'r Saesneg

Efallai bod hyn i gyd yn dangos bod Cymru, erbyn diwedd yr ugeinfed ganrif, yn wynebu ei gorffennol amlddiwylliannol mewn byd oedd yn llawer mwy amlddiwylliannol.

Heblaw am y rhai a nodwyd yn y llyfr hwn, fedrwch chi enwi mewnfudwyr eraill o gefndiroedd ethnig gwahanol sydd wedi cyfoethogi bywyd Cymru yn ystod yr ugeinfed ganrif?

Arwyddocâd

Yn eich barn chi, beth yw arwyddocâd mewnfudwyr i hanes Cymru yn yr 20fed ganrif?

Geirfa

arwyddocâd – *significance*, pwysigrwydd
cydraddoldeb – *equality*, bod yn gyfartal â phawb arall
cynhaliaeth – *support*, yr hyn sy'n cynnal neu gynorthwyo
trobwynt – *turning-point*, amser pan fo newid pwysig yn digwydd

CYFLE I FYFYRIO

Gan eich bod bellach wedi darllen tipyn am hanes mewnfudwyr i Gymru yn ystod yr ugeinfed ganrif, y ffordd orau i gloi yw trwy ystyried rhai cwestiynau. Wrth eu trafod, efallai y gallwn ateb cwestiwn pwysig iawn yn y ganrif newydd sef:

A ddaeth Cymru yn wlad y gall pawb sy'n byw ynddi deimlo eu bod yn perthyn iddi ac yn gallu cyfrannu at ei dyfodol hi?

1. Pam oedd pobl yn mudo i Gymru?

Dyma rai rhesymau dros symud o un wlad i wlad arall. Oes rhai o'r rhain yn wir am y mewnfudwyr i Gymru yn ystod yr ugeinfed ganrif?

- Chwilio am waith
- Ffoi o ryfel
- Cael eu herlid mewn gwlad arall
- Ceisio bywyd gwell
- Syrthio mewn cariad
- Dilyn teulu neu gyfaill sydd eisoes wedi mudo
- Symud dros dro oherwydd diweithdra yn eu gwlad eu hunain
- Natur eu gwaith yn eu symud o un rhan o'r byd i ran arall
- Erlid crefyddol

Ellwch chi feddwl am resymau eraill?

Oes rhai o'r rhesymau hyn hefyd yn esbonio pam y symudodd pobl o un rhan o Gymru i ran arall o'r wlad, ac o Gymru i wledydd eraill?

2. Cyrraedd Cymru

- Oedd rhai ardaloedd yng Nghymru yn denu mwy nag ardaloedd eraill? Esboniwch eich ateb.
- Pa broblemau oedd yn wynebu'r rhai oedd wedi mudo i Gymru?
- Beth oedd ymateb pobl leol i'r mewnfudwyr?
- Beth oedd y mewnfudwyr yn ei feddwl o Gymru?
- Pa grwpiau o bobl oedd â hanes hir o fudo i Gymru a pha rai oedd yn newydd i Gymru yn yr ugeinfed ganrif?

3. Cyfraniad mewnfudwyr

- Sut y bu i fewnfudwyr gyfrannu at fywyd Cymru yn ystod yr ugeinfed ganrif? Ceisiwch rannu eich ateb dan y penawdau canlynol: gwleidyddol, economaidd, cymdeithasol a diwylliannol.
- Sut y bu i fewnfudwyr newid bywyd Cymru yn ystod yr ugeinfed ganrif? Ceisiwch rannu eich ateb dan y penawdau canlynol: gwleidyddol, economaidd, cymdeithasol a diwylliannol.
- Pa fewnfudwr/fewnfudwraig fyddech chi'n ei (d)dewis fel un o Arwyr Cymru? Eglurwch eich dewis.

4. Cofnodi hanes pob grŵp o fewnfudwyr

- Pam mae hanes rhai grwpiau o fewnfudwyr yn y cyfnod hwn mor gyfoethog ond bod diffyg gwybodaeth am eraill?
- Oes rhai cymunedau o fewnfudwyr heb eu crybwyll yn y llyfr hwn? Cynigiwch resymau am hynny.
- Sut y gellwch chi ddarganfod mwy o wybodaeth am y cymunedau o fewnfudwyr yng Nghymru yn ystod yr ugeinfed ganrif?

JW 325.1 EVA